地方創生と
エネルギーミックス

波形克彦・小林勇治［編著］

エコシティ、スマートシティの推進事例

同友館

はじめに

　近年の異常気象で、台風、竜巻、洪水などの災害が相次いでいる。しかも、これは日本ばかりの現象ではなく、世界各地で起きている。原因はさまざま伝えられているが、つまるところは、人間の出す排気ガス・二酸化炭素による地球温暖化が原因であるといわれている。

　私たち中小企業診断士グループでは、今年の研究テーマとして「エネルギーミックス」を取り上げてきた。エネルギーミックスとは、各種エネルギーを効率的に組み合わせて使うことだが、再生可能エネルギーの使用を増やし、二酸化炭素の発生を抑えるという目標がある。また、エネルギーミックスは、安倍内閣の重要課題である「地方創生」にもつながる取組みである。実際、各地でエネルギーミックスを活用したまちづくりの動きが出始めている。本書はまだ不十分ではあるが、こうした取組みについての研究成果を取りまとめた報告書である。

　序章では、エネルギーミックスの必要性とその概略、そして今後の課題等、総論的な解説を述べている。最初に序章をお読みいただき、エネルギーミックスの全体について理解したうえで次章に進んでいただきたい。

　第1章は、再生可能エネルギーを活用して温暖化を防止する各地域の取組みを紹介し、第2章は、地域を活性化する比較的小規模の発電システムや太陽光発電の事例を取り上げている。第3章は、スマートシティでまちづくりに成功した事例、第4章は、エネルギーミックスの海外における先行事例を紹介している。最後の第5章は、地域でエネルギーミックスを実現する市民発電事業の進め方について述べている。

　本書にはエコシティという言葉が登場するが、これは環境共生都市のことをいい、1993年に建設省（現・国土交通省）が開始した環境共生都市事業で提唱されたものである。また、スマートシティとは、2014年にアメリカ・オ

バマ大統領が多額の投資を行うと発表して話題になったスマートグリッドの活用によるまちづくりのことだが、ここにきて都市を丸ごとスマート化するスマートシティ構想が注目され、諸外国に波及してきている。

　以上、事例は少ないが、各地の代表的なものを選んであるので、本書を読まれる方は参考としていただき、地方創生にエネルギーミックスを活かされることを望んでやまない。

2016年4月

編著者　波形克彦・小林勇治

［目 次］

序章　地球温暖化を防ぎ地方創生に貢献する
　　　　エネルギーミックスとは

1　地球温暖化を防ぐエコシティ化……………………………… 2
2　再生可能エネルギーの基本発電ノウハウ………………… 4
3　太陽光・風力発電等の現状と課題………………………… 8

第1章　再生可能エネルギーの活用で温暖化防止

1　木くず等を使ったバイオマス発電
　　——茨城県ひたちなか市………………………………… 20
2　風力発電集積で地方創生
　　——道北 苫前町・幌延町・稚内市……………………… 29
3　太陽光発電を導入して効率経営を実現……………………… 39
4　温泉町の窮状を救う地熱発電
　　——福島市土湯温泉町…………………………………… 46
5　高専発、地域から世界を目指す小水力発電
　　——徳島県阿南市………………………………………… 54

第2章　エコシティで地域を活性化する

1　富士山と八ヶ岳の伏流水でまちぐるみの水力発電
　　——山梨県都留市・北杜市……………………………… 64
2　「千産千消」の小水力発電でまちおこし
　　——千葉県大多喜町……………………………………… 72
3　照明装置の最適設計がエコと省エネに寄与
　　——神奈川県横浜市……………………………………… 81
4　遊休地を活用した太陽光発電
　　——香川県丸亀市………………………………………… 90

目　次　*iii*

5　里山を元気にするソーラーシェアリング
　　　──千葉県市原市 ……………………………………………… 95

第3章　スマートシティ化でまちを創造する

1　世界に評価されインフラ輸出を図る
　　　──福岡県北九州市 ……………………………………… 106
2　災害に強いスマートコミュニティを構築
　　　──宮城県石巻市 ………………………………………… 114
3　日本初サスティナブル・スマートタウンの開発秘話
　　　──神奈川県藤沢市 ……………………………………… 122
4　未来型環境共生都市・柏の葉スマートシティ
　　　──千葉県柏市 …………………………………………… 131

第4章　先行する海外のエコシティ化

1　風力発電で地球温暖化防止を推進
　　　──アメリカ・パームスプリングス風力発電所 ……………… 142
2　エネルギー革命で太陽光発電量世界一に
　　　──ドイツ ………………………………………………… 147
3　風力発電で全電力を賄う自動車工場
　　　──ドイツ・BMW のライプチヒ工場 ………………………… 157

第5章　地域のエネルギーミックス 市民発電事業の進め方

1　シンプルで収支の合う事業計画書のつくり方 …………… 168
2　補助金・助成金等を有効に活用 ……………………………… 176
3　市民ファンド・私募債・市民債券・クラウドファンディングで
　　手づくり資金調達 …………………………………………… 182

【参考文献等】 ……………………………………………………… 190
【執筆者略歴】 ……………………………………………………… 193

序章

地球温暖化を防ぎ
地方創生に貢献する
エネルギーミックスとは

1 地球温暖化を防ぐエコシテイ化

（1）エネルギーミックスとは

　本書の書名にある「エネルギーミックス」とは、2016年度の経産省の電源構成に関する予算の名称である。時代にマッチした名前なので、その普及に協力して名称を使わせてもらった。

　では、エネルギーミックスとは、どういうことなのだろうか。言葉通りに解釈すれば、「いろいろなエネルギー」を「ミックス」して効率的に使うということになる。今、わが国で使用されている電源エネルギーは、再生可能エネルギー、原子力、天然ガス、石炭、石油の5種類である。エネルギーミックスとは、これらのエネルギーを組み合わせて効率的に使うことだ。

　これらのエネルギーは、現在、図表序－1－1のように使用されているが、このうち原子力エネルギーの使用割合を下げ、再生可能エネルギーの使用割合を高めるのが、エネルギーミックスの目標なのである。

（2）なぜ、エネルギーミックスが必要なのか

　昔は、「省エネ」といえば無駄な電気を消して電気代を節約することが目的であった。しかし、今日の省エネは、結果的には電気代を節約することにはなるが、もっと深い目的がある。それは、電気の使用量を減らして、発電コストも低くしたうえで、電気の発生段階で起こる二酸化炭素の発生を抑えることである。

　今まで発電は、水力発電と火力発電に頼ってきたが、水力発電は発電所の建設場所が限られるし、巨額な建設コストを必要とした。火力発電も発電所

図表序－1－1　エネルギーの種類と使用構成比

エネルギー種類	使用構成比
再生可能エネルギー	22～25%
原子力	22～20%
天然ガス	27%
石　炭	26%
石　油	31%

の建設コストがかかるうえに、石炭を燃焼して蒸気をつくるため、二酸化炭素を排出するという欠点があった。また、地球温暖化が問題とされるようになると、水力発電所も二酸化炭素を排出する石炭、石油を使用するので好ましくないと思われるようになってきた。

ここに登場したのが、原子力発電である。二酸化炭素を排出せず、地球温暖化をもたらすことがないので理想的とされていたが、相次ぐ原子力事故の発生で、発電システムは休業してしまっている。

二酸化炭素による地球温暖化は世界的な問題となり、国連を通じて世界各国が二酸化炭素の排出を削減するための申合せを行ったが、その成果は想定通りにあがっていない。日本も例外ではない。

（3）再生可能エネルギーの活用で地球温暖化を防ぐ

ここで注目されたのが、二酸化炭素を発生せず、規模の大小も問わず、どこでも低コストでできる「再生可能エネルギー」による発電の開発である。

前述したように、エネルギーは5種類に分類されるが、このうち二酸化炭素を発生しない発電システムは、再生可能エネルギーのみである。すなわち、政府が唱えるエネルギーミックスは、すべてのエネルギーを効率的に使うようにするというのは大義名分で、二酸化炭素の発生が少ない再生可能エネルギーの使用割合を高めて、地球温暖化の原因である二酸化炭素の発生を抑えようというのが第一義なのである。

序章　地球温暖化を防ぎ地方創生に貢献するエネルギーミックスとは　*3*

2 再生可能エネルギーの基本発電ノウハウ

（1）太陽光発電の基本ノウハウ

　太陽光発電は、「太陽電池」と「パワーコンディショナー」と呼ばれる装置を用いて、太陽の光エネルギーを直流電気から交流電気に変換する発電方式で、再生可能エネルギーの中で最も期待されている。

　それは、小型のものは家庭の住宅の屋根のうえにも取り付けられ、しかも低コストであるからである。さらに、発電の際に地球温暖化の原因である二酸化炭素をまったく発生しないというクリーンさも特色である。

　現在、日本は石油や石炭などのエネルギー資源のほとんどを諸外国からの輸入に頼っているが、こうした化石燃料は、使い続ければいずれはなくなってしまう。これに対し、太陽の光という無尽蔵のエネルギーを活用する太陽光発電は、年々深刻化するエネルギー資源問題の有力な解決方法の１つであり、設置の簡便さと低コスト、さらに大規模の発電も可能という特性から、今後も大幅に増加するものと思われる。

　太陽光発電には、発電した者が電気を直接使用し、余った電気を電力会社に販売する方法と、発電した電気は電気会社に全部販売して、自分で使用する電気はこれまで通り電気料を電力会社に支払って使う方法との２つがある。

（2）風力発電の基本ノウハウ

　風力発電は、風力発電機と呼ばれる設備を使って発電する。その仕組みは風力発電機の上部についている「ブレード」と呼ばれる羽の部分に風が当たるとこれが回転し、その回転が「動力伝達軸」を通じて「ナセル」と呼ばれる装置の中に伝わって発電する。

　風力発電機の大きさは、回転する羽のブレードが74m、これを支える支柱の高さが107mあるのが標準だが、最近は発電効率のためさらに大型化して

おり、高さ180mのものまで出てきている。

　発電所には、こうした大型の発電機が多数必要なので、市街地や住宅地に設置するのは不可能であり、住宅のまったくない原野の中や山の上、海岸などに多く設置されている。今、全国にある風力発電機のうち、北海道と青森県に半数以上が設置されている。これは、人の住んでいない広い土地がたくさんあるという地域の特性からと思われる。

　風力発電は、火力発電や原子力発電のように燃料を必要としないので、二酸化炭素などを排出しない地球環境にやさしいクリーンなエネルギーである。

（3）地熱発電の基本ノウハウ

　地熱発電は、地球の内部に貯えられている地熱の貯留層から取り出す蒸気と熱水の圧力でタービンを回して発電する方法である。蒸気と熱水の状態によって、「ドライスチーム」、「フラッシュサイクル」、「バイナリーサイクル」の３つの方法がある。

　地熱資源は、火山性の地熱地帯の地下1,000～3,000m程度に存在する。したがって、地熱発電所はどこにでも設置できるのではなく、火山地帯や温泉地帯に限定されるので、開発の場所も限られてくる。

　火力発電所が石炭、石油、LNGなど燃料の燃焼による熱で蒸気を発生させるのに対して、地熱発電の場合は地球の自然の熱を使うので、地球温暖化のもとになる二酸化炭素を発生しないという有利さもある。

（4）バイオマス発電の基本ノウハウ

　バイオマス発電の「バイオ」（英語で「bio」）は「生物資源」、「マス」（英語で「mass」）は「量」を意味しているが、この言葉が翻訳されることなくわが国でも通用するようになった。

　バイオマス発電には、３つの方法がある。１つ目は、バイオマス燃料を直

序章　地球温暖化を防ぎ地方創生に貢献するエネルギーミックスとは　**5**

接燃やして蒸気タービンを回す「直接燃料方式」、2つ目は、燃料を熱処理してガス化し、ガスタービンを使って燃焼させることで発電を行う「熱分解方式」、3つ目は、燃料を発酵させるなど生物化学的にガスを発生させ、そのガスをガスタービンで燃焼させ発電する「生物化学方式」である。

　原料となるバイオマスは、木材資源、下水汚泥、家畜糞尿、植物残渣から生まれた再生可能な有機性資源である。バイオマス発電では、加工した固体燃料または発酵させて回収したガスやエタノールを燃やしてエネルギー（電気、熱）に変化させて電気をつくる。燃焼を行っても、地球温暖化を招く二酸化炭素の増加につながらない発電方式をとっている。

　バイオマス発電所は、地域のごみ処理場のそばに併設すれば、ごみを地域エネルギー源として有効活用することができるので、今後、地方行政などによる活用が進むと思われる。

（5）新電力小売会社の登場

　従来、日本では電力販売は東電（東京電力）、関電（関西電力）などに代表される地区の公営に近い電力会社11社にほぼ独占されており、純粋の民営電力販売会社はごくわずかしかなかった。

　それが、電力自由化時代を迎え、2016年4月から一挙に40社ほどが経済産業省の認可を得て、電力小売販売会社として開業した。経済産業省への開業申請は80社ほどあったというが、とりあえず適格条件の揃った40社に設立・営業の認可が下りた。今後も申請が続き、小型電力小売会社は増加すると思われる。ユーザーは、各電力小売会社の特徴をつかんで利用することが重要になってくる。

　認可された電力小売会社の中には、8兆円といわれる電力小売市場を背景に有望な新規事業として開業したところも多いと思われるが、すでにある本業をバックアップするために参入した企業も多くみられる。

　こうした新規電力小売会社の設立申請は、KDDI（au）など通信会社ばか

りでなく、スーパーマーケット、コンビニエンスストア、通販会社、ガソリンスタンド会社など大手の流通業が多い。新電力小売会社から電力を買うと、電力使用量に応じてポイントが付与され、そのポイントが親会社の小売店で金券として使えるようなサービスにして客を囲い込み、固定化しようという戦略が展開できるからである。

　それでは、新しい電力小売業はどのようにして電力を売るのかというと、現在の大手電力会社は、2017～2018年ごろまでに電力販売会社と送電会社に分割されるので、新電力小売会社は電力販売会社から電力を買い、送電会社に委託して自分のユーザーに届ける方式となる。

　このシステムで問題となるのは、送電会社が多数の電力小売会社から送電を委託された電力を間違いなく届けられるのか、そして電力料金の回収はどうするのかということだ。しかし、高度コンピュータシステムの「スマートグリッド」、「スマートメーター」によって、送電も料金の回収も可能となる。

　この「スマートグリッド」は「次世代送信網」、「スマートメーター」は「通信機能備え付き電力メーター」と訳されているが、既にアメリカではスマートシティなどで実用化されているので、このシステムを導入することで営業が成立することになる。

3 太陽光・風力発電等の現状と課題

（1）再生可能エネルギー比較

　図表序－３－１に示すように、再生可能エネルギー（再エネ）による発電は、まず変動と固定に大きく二分される。太陽光と風力は、日照時間や風況といった天候に大きく左右される「変動電力源」である。停電を避けるため、電力源には安定性が非常に重要なので、これは大きな弱点である。また、太陽光と風力は、事業の採算性から大規模なものとなり、広大な用地を必要とするゆえ、環境影響に配慮した法規制も多い。

　政府のコスト等検証委員会の報告書（2011年）によれば、設備利用率は、太陽光が12％、風力が20％と低い。太陽光の場合、夜は発電しないし昼でも日照がないと発電量が落ち、風力も風が止むと発電しないので、他の電力源には劣る。

　また、同報告書によれば、再エネの発電コストには幅があるものの、太陽光が一番高く、バイオマス、小水力、風力、地熱の順である。しかし、太陽光パネルは技術革新によるコスト低減が最も期待できるので、立地特性も考慮すると、再エネの成長期待は、やはり太陽光と風力と考えてよい。

図表序－３－１　再生可能エネルギー発電比較

再エネの種類	電力源	ポイント	用地	法規制	設備利用率	コスト（¥/kWh）
太陽光	変動	日照時間	平坦広	多	12%	33.4-38.3
風力		風況	広大	最多	20%	9.9-17.3
小水力	固定	水量落差	少	中	60%	19.1-22.0
地熱		地熱量	少	中	70%	9.2-11.6
バイオマス		材料供給	少	少	80%	17.4-32.2

出所：「コスト等検証委員会報告書」（2011年、エネルギー・環境会議コスト等検証委員会）より
　　　筆者作成

図表序－３－２　再生可能エネルギーの導入容量推移（大規模水力を除く）

万kW

```
3,500
                                            前年度比 32%
3,000
                                      年平均伸び率 9%
2,500
         年平均伸び率 5%                                      ■太陽光
2,000                                                         ■風力
                                                             □中小水力
1,500                                                         ■地熱
                                                             ■バイオマス
1,000

 500

   0
      2003 2004 2005 2006 2007 2008 2009 2010 2011 2012 2013  年度

                                  余剰電力買取制度      固定価格買取制度
```

出所：資源エネルギー庁

　次に、再生可能エネルギー別の導入（設置）容量をみてみる。2003年ごろには、まだ中小水力の割合が約４分の３を占めており、バイオマス、（住宅用）太陽光、風力の順であった。その後は、風力とバイオマスが堅調な伸びを示したのに対し、太陽光が３段階で大幅増加となった（図表序－３－２）。

　この要因は、2009年の余剰電力買取制度（年平均伸び率が５％から９％に増加）と2012年の固定価格買取制度（同32％に増加）であり、この２つの再エネ政策が太陽光伸長に大きく寄与した。

　その結果、2013年度には太陽光の累積導入量が前年度比約2.3倍に増加し、政府は政策的に高く設定していた買取価格の是正を始めた。

（２）固定価格買取制度（FIT）

　福島原発事故後、再エネ推進のため、固定価格買取制度（FIT）が導入された。その準拠法である「再生可能エネルギー特別措置法」のポイントを、以下に記す。

序章　地球温暖化を防ぎ地方創生に貢献するエネルギーミックスとは　**9**

①電力会社に対し、再生可能エネルギー発電事業者から政府が定めた調達価格・調達期間による電気の供給契約の申込みがあった場合には、必ず応ずるように義務づけた。

②政府による買取価格・期間の決定方法、買取義務の対象となる設備の認定、買取費用に関する賦課金の徴収・調整、電力会社による契約・接続拒否事由などを、あわせて規定した。

　価格は、再エネ推進の政策面と事業性（コスト＋利潤）から設定され、施行後3年間は特に利潤に配慮し、賦課金（再エネサーチャージ）の負担が電気利用者への過度な負担にならないよう配慮するとの文言もある。

　具体的には、図表序－3－3に示すように、太陽光、風力、中小水力、地熱、バイオマスの5種類が省令で決められ、容量の大きい事業用はおおむね20年間の買取保証期間と再エネ別の価格設定がなされている。

　2012年7月施行時の事業用価格は、税抜きで太陽光40円、風力22円、小水

図表序－3－3　固定価格買取制度（FIT）の概要

再エネの種類	容　量	買取価格	期間
太陽光	10kW 以上	40円（2012.6）→36→32→29→27円（2015.7）	20年間
	10kW 未満	42円（2012）→37→35/33円（2015）	10年間
風力	20kW 以上（洋上）	36円	20年間
	20kW 以上（陸上）	22円	20年間
	20kW 未満	55円	20年間
中水力	1 MW 以上30MW 未満	24円	20年間
小水力	200kW 以上	29円	20年間
	200kW 未満	34円	20年間
地熱	15MW 以上	26円	15年間
	15MW 未満	40円	15年間
バイオマス	（5方式による）	13円〜39円	20年間

出所：資源エネルギー庁

力29円、地熱26円、バイオマス（リサイクル木材燃焼）13円〜（メタン発酵）39円で、太陽光以外は毎年据え置かれている。

　太陽光は当初、大幅導入拡大の道筋を付けるためプレミアム価格を設定したことと技術革新によるコストダウンを織り込み、毎年価格改定が行われてきた。事業用の場合、2012年度当初40円、次年度36円、次々年度32円を経て、2015年度当初29円、利益上乗せ期間終了の7月以降は27円と、3年で約3分の2に下げられた。一方、風力は相対的にコストが低く、当初価格の22円で横ばいが続いている。

（3）太陽光発電の立地と設置状況

　太陽光発電の重要な立地要件である日照時間をNEDO（新エネルギー・産業技術総合開発機構）が提供する日照時間の全国マップからみてみると、最適傾斜角での日照量が多く条件が良い場所は、北海道帯広平野、山梨県と長野県の小海線沿線盆地、濃尾平野、関東平野北側、静岡県沿岸である。

図表序－3－4　事業用太陽光発電の
都道府県別導入容量

	都道府県名	導入容量（万kW）	割合（％）
1	茨城県	1,034,385	5.7
2	福岡県	981,744	5.4
3	兵庫県	887,625	4.9
4	千葉県	872,167	4.8
5	愛知県	824,681	4.5
6	鹿児島県	797,434	4.4
7	栃木県	756,817	4.2
8	静岡県	655,095	3.6
9	群馬県	639,506	3.5
10	熊本県	576,744	3.2
	全国計	18,146,128	100.0

出所：資源エネルギー庁

序章　地球温暖化を防ぎ地方創生に貢献するエネルギーミックスとは　*11*

一方、事業用太陽光発電の導入容量全国トップ５は、茨城県、福岡県、兵庫県、千葉県、愛知県で、電力消費地に近い広い平野のある県である（**図表序－３－４**）。日照量から考えると、北海道帯広平野や山梨県と長野県の小海線沿線に、もっと導入容量が増えてもよさそうである。

　固定買取価格制度のところで述べたように、再エネ事業者はまず設備認定申請を行い、認定がとれてから設置（導入）を行う。この間に環境影響調査を行って、他の法規制を含めてすべてクリアする必要がある。

　電源安定性から電力会社が接続を拒否し、計画縮小や凍結に至った例もある。また、３年間の利益上乗せ期間が終了した2015年７月以降は、買取価格の低下で事業性が落ち、新規の認定申請が激減している。

（４）風力発電の立地と設置状況

　風力発電の立地で一番の鍵は、「風況」である。ＮＥＤＯの風況マップをみると、冬の厳しい自然環境により、北海道と青森県沿岸の風況がすこぶる良い。しかも山林原野が多く、風力発電に必要な広大な土地が安く手に入る地

図表序－３－５　風力発電の都道府県別導入容量

	都道府県名	導入容量（万kW）	割合（％）
1	青森県	364,160	12.7
2	北海道	319,485	11.1
3	鹿児島県	253,060	8.8
4	秋田県	205,300	7.1
5	福島県	159,760	5.6
6	筋岡県	134,698	4.7
7	島根県	128,250	4.5
8	石川県	124,500	4.3
9	山口県	113,450	3.9
10	長崎県	106,070	3.7
	全国計	2,876,724	100.0

出所：資源エネルギー庁

域でもある。

2015年３月現在の県別風力発電設備容量ランクをみると、青森県が１位、北海道が２位、鹿児島県が３位で、以下、秋田県、福島県となっている（**図表序－３－５**）。

風力発電立地の特徴は、これら上位10県の合計が日本全体の導入容量の３分の２を占めていることである。また、これらは一部を除いて過疎化が進む地方の県であり、いいかえれば電力需要の少ない地方でもある。

では、北海道は面積と沿岸長が他県を圧倒するのに、なぜ１位を青森に譲っているのだろうか。実は、数年前まで立地の良さでトップを走っていたのだが、北海道と本州間の送電線がボトルネックとなってストップしているのである。詳細は、第１章－２の風力発電事例のところで述べる。

（5）太陽光・風力発電の課題

再生可能エネルギーの直近約３ヵ年の状況を、**図表序－３－６**に示す。資源エネルギー庁から毎月公開される最新情報（2015年７月現在）のデータ（1）～（4）に、固定価格買取制度（FIT）導入直前の2012年６月のデータ（0）を追加して、約３年間の伸び率を計算した。認定容量とは着手前の認可を受けた容量、導入容量とは建設後の稼働可能容量である。また、増減とは前月値との比較である。

FIT導入直前の導入容量を基準に、FIT導入後３年間の累積認定容量を加えた伸び率は、事業用太陽光で8,666％と約100倍だが、ほとんどノーチェックの駆け込み認可や、環境影響等の理由で規模縮小や建設凍結をした例もあり、必ずしも導入に至っていない。

一方、買取電力量は、事業用太陽光、住宅用太陽光、風力の順である。しかし、両太陽光は７月という夏場の数値ながら当月の買取金額、買取電力量とも前月より減少しており、常に増加傾向にある他の再生可能エネルギーとは対照的である。

序章　地球温暖化を防ぎ地方創生に貢献するエネルギーミックスとは　**13**

図表序－3－6　再生可能エネルギー導入認定状況

再エネの種類		(1)導入容量(万kW)新規認定分	(1)導入容量(万kW)移行認定分	(2)買取電力量(万kWh)2015年7月分	(2)買取電力量(万kWh)制度開始からの累計	(3)買取金額(億円)2015年7月分	(3)買取金額(億円)制度開始からの累計	(4)認定容量(万kW)新規認定分(2012.6→2015.7)	(0)導入容量(万kW)制度開始前(2012.6)	制度開始後伸び率 2012.6→2015.7
太陽光(住宅)	総量	339	470	50,778	1,551,864	214	6,768	405	470	86%
	増減	7		-16,503		-71		10		
太陽光(事業)	総量	1,815	26	196,468	2,611,584	799	10,794	7,800	90	8,666%
	増減	69		-30,029		-123		-52		
風力	総量	35	253	30,656	1,397,453	68	3,033	233	260	90%
	増減	0		1,754		4		-2		
中小水力	総量	11	21	14,383	267,436	38	693	71	960	7%
	増減	1		2,295		6		5		
地熱	総量	1	0	562	2,398	2	10	7	50	14%
	増減	0		373		2		0		
バイオマス	総量	34	113	39,244	854,678	88	1,704	252	230	110%
	増減	2		4,845		11		5		
合計	総量	2,234	882	332,091	6,685,413	1,209	23,003	8,768	2,060	426%
	増減	78		-37,264		-171		-34		

出所：資源エネルギー庁公開情報 2015年7月現在（11月9日更新）他から筆者作成

図表序－3－7　太陽光の累積導入量と認定量の月次推移

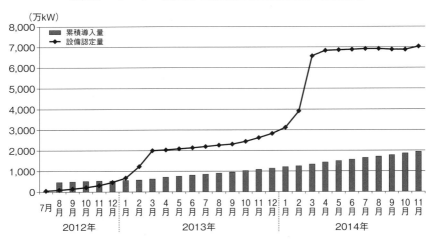

出所：資源エネルギー庁「再生可能エネルギー各電源の導入動向」P32

太陽光発電の導入・認定容量の月次推移を、**図表序－３－７**に示す。棒グラフの導入容量は、毎月コンスタントに右肩上がりである。しかし、折れ線の認定容量は、買取価格改定直前の年度末に駆け込み急増がみられる。2014年４月の導入容量約1,500万kWに対し、認定容量は約7,000万kWと4.7倍にはね上がっている。

　また、2015年７月の認定容量は前表から7,800万kWなので、前年比１割程度しか伸びておらず、さらに利益上乗せ期間終了の７月以降は、申請する事業者はほとんどいない状態である。したがって、太陽光発電の課題はまず認定を導入に促すことであり、次に持続的に認定を増やすことにある。

　風力発電の課題は、顕在化した道北を例に第１章－２で詳しく述べることとし、ここでは共通の技術的・政策的課題と対応策を**図表序－３－８**にまとめた。

①送電線能力：原野に発電所を設置する風力発電への影響が大きい。幹線までは自前で電線を引く義務がある。北本連系のような幹線には、国の補助がある。

図表序－３－８　太陽光・風力発電推進の技術的・政策的課題

項　　目	準拠法	太陽光	風　力	対　　応
送電線能力	・電力事業法 ・再エネ調達特別措置法	×	××～×	・基幹系増強 ・パワーグリッド化
電力安定化		××～×	××～×	・補助火力増強 ・蓄電池
コスト		×～△	○～◎	・技術革新
騒音・振動	・環境アセス法 ・航空法 ・国立公園法 ・農地法　他	◎	×	・洋上化
動植物影響		○	△	・環境影響評価期間の 　半減化
景観		×	××	
土地		××	×	・休耕田や酪農地に対 　する規制緩和

××：致命／×：影響大／劣る、△：影響中／普通、○：影響小／良好、◎：最適
出所：筆者作成

序章　地球温暖化を防ぎ地方創生に貢献するエネルギーミックスとは　**15**

②電力安定化：電力会社が安定供給できない恐れがあれば、接続を拒否できる。調整用の補助火力増強か蓄電池の設置で対応する。

③環境アセスメント：通常3〜4年かかっていたが、目標半減で取り組み中。

④農地法等：休耕田や酪農地に対する規制緩和で、「米と電力の二毛作」等の実現へ。

これらのうち、③、④は役所の縦割間連携と政府の本気度で決まり、認定から導入への課題でもある。技術的な①と②に関しては、もっとやり方があると思うので、次項にまとめてみた。

（6）太陽光・風力発電のさらなる推進に向けて

再生可能エネルギーについての取材を通じて感じた自治体の要望も含め、太陽光発電と風力発電の今後を以下の視点から考察する。

①巨額な費用がかかる送電線網は本当に必要か（特にパワーグリッド）

②地域住民が消費する地産地消エネルギーにできるか（電力完全自由化前提）

③過疎地の風や太陽を最適コストで活かせるか（FIT国民負担軽減）

結論から言うと、①：No、②：Yes、③：政策次第、となる。

まず、②地産地消は、地理的な広域ブロックを定め、再エネ増強による域内電力自給率100％化を目指す。電力安定化は、固定再エネであるバイオマス等を域内で推進し、補助火力がない地域では、将来を見据えて、国の補助で蓄電池や水素変換投資を行う。水素は、燃料電池車（FCV）等への石油代替とする。

次に、①パワーグリッドは、欧米と違い面での拡がりが少ないので、②の地産地消を前提として、必要最小限にとどめる。電力会社関連の幹線送電線は、発送電分離を早期に実施し、災害リスク対策を含め国の責任で早急に行う。

図表序－３－９　広域スマートグリーンパワープラン

```
┌─────────────────────────────────────────────────┐        ┌──────────┐
│              広域Ａ                              │        │  広域Ｂ   │
│  ┌─────────┐          ┌────────┐   ┌──────────┐  │        └──────────┘
│  │バイオマス │          │ 太陽光  │   │ 蓄電池+cl │  │
│  │  +cl    │          │  +cl   │   └──────────┘  │        ┌──────────┐
│  └─────────┘    ┌────┐ └────────┘   ┌──────┐     │        │  広域Ｃ   │
│  ┌─────────┐    │ICT │          ┌───│  EV  │     │        └──────────┘
│  │ 小水力   │    │ sv │ ┌────────┐   └──────┘     │
│  │  +cl    │    └────┘ │  風力   │   ┌──────┐     │        ┌──────────┐
│  └─────────┘          │  +cl   │   │ FCV  │     │        │  広域Ｄ   │
│  ┌─────────┐          └────────┘   └──────┘     │        └──────────┘
│  │  地熱    │                      ┌──────┐     │              │
│  │  +cl    │   ┌────────────┐      │ 水素  │     │       ←─例：北本連携
│  └─────────┘   │  補助火力+cl │      │  st  │     │        ┌──────────┐
│                └────────────┘      └──────┘     │        │  広域Ｚ   │
│   sv：サーバーとcl：クライアント間の電力線通信        │        └──────────┘
└─────────────────────────────────────────────────┘
        ┌─────────────────────────────────────┐
        │ ICTによる広域グリーンパワー・コントロール │
        └─────────────────────────────────────┘
```

出所：筆者作成

　最後は、③過疎地再エネのコストミニマム供給で、再エネ事業者が域内送電線費用を負担するのはやむをえないが、域外への送電は送電線能力見合いの最小限とする。余剰電力は水素貯蔵して域内で消費し、買取価格との差額は、消費地電力会社等がCDM（CO_2排出権）で負担するスキームとしたい。

　これらを実現するための、電力ICTを利用した「広域スマートグリーンパワープラン」を図表序－３－９に示す。

　各地域で太陽光発電と風力発電の将来導入予測を行い、それに見合った電力需給プランを立案することが鍵である。COP21で採択されたパリ協定に基づくCO_2削減に向けて、NEDOを含めた国のリーダーシップに期待したい。

序章　地球温暖化を防ぎ地方創生に貢献するエネルギーミックスとは　**17**

第1章

再生可能エネルギーの活用で温暖化防止

1 木くず等を使ったバイオマス発電
——茨城県ひたちなか市

（1）住宅地域の林の中の発電所

　茨城県ひたちなか市の住宅街を車で走ると、住宅街が終わるころに、50mの煙突をもつ発電所が見えてくる。株式会社バイオパワー勝田が建設廃材等の木くずチップなどの木質系バイオマス資源を利用して発電を行っている発電所（勝田木質バイオマス発電所、以下「当発電所」）である。

当発電所の全景

当発電所最上部から見た周辺の様子

（2）設備の概要

　当発電所の概要は、図表1－1－1の通りである。

図表1－1－1　当発電所の概要

項　目	内　容
運営会社	地域の中核的産業廃棄物処理会社である勝田環境株式会社（保有株10％）とボイラー専門会社の株式会社タクマ（保有株90％）の合弁会社である株式会社バイオパワー勝田
運転開始	2005年
規　模	発電量4,990kW（一般家庭約10,000世帯の消費電力に相当する）
構成員	12人（運転員9人、その他3人）
副産物処理	灰：最終処分場埋め立て処理（一部セメント固化後路盤材として再利用） 水：無放流（場内クローズドシステムで外に放出することはない）

（3）生物由来のバイオマス燃料

バイオマス発電で使用されるバイオマス燃料とは、動植物などの生物由来の資源を燃料化したものである。バイオマス資源は、石油や石炭など数百万年の年月をかけてつくられた化石燃料と異なり、再生することが可能なエネルギーと考えられている。バイオマス資源には、次のような種類がある。

- ・木質系（間伐材、建設材、建設廃材など）
- ・家畜系（家畜排せつ物など）
- ・植物系（稲わら、もみ殻、なたねなど）
- ・食品系（生ごみ、食品廃棄物など）

（4）3種類のバイオマス発電

バイオマス発電には、図表1−1−2のように3種類の燃焼方法がある。当発電所では、伝熱効率が高く、安定した運転が可能な直接燃焼方式を採用している。

図表1−1−2　バイオマス発電の燃焼の種類

方式名	内　容
直接燃焼方式	建設廃材等の木くずや間伐材などを燃料として直接燃焼し、ボイラーで蒸気を発生させて蒸気タービンを回し発電する。
熱分解ガス化方式	燃料を直接燃焼するのではなく、加熱処理してガスを発生させ、そのガスを燃焼させることによってガスタービンを回し発電する。熱分解ガス化方式の場合には、①製造した分解ガスを直接燃焼してボイラーで熱回収し、その蒸気で蒸気タービンを動かして発電する場合と、②分解ガスを精製し、燃料化して、ガスエンジンで発電もしくは直接燃焼し、ガスタービンで発電する場合がある。
生物化学的ガス化方式	生ごみや家畜の糞尿、下水汚泥などを、直接燃やすのではなく、発酵させてバイオガスを発生させ、そのガスでガスタービンを回す。ガスを排出した後の消化液や発酵残渣には雑草種子や病原菌が含まれないため、安全な肥料となり、再利用が可能となる。

第1章　再生可能エネルギーの活用で温暖化防止　**21**

（5）当発電所の発電プロセス

当発電所では、図表1−1−3のような流れで発電を行っている。

①木くずチップピットおよび定量フィーダでの処理

ピットには、建設廃材や剪定枝等がチップにされて運び込まれる。これらチップはここで一時的に保存された後に、撹拌されて木くず供給フィーダへ移動される。このプロセスでの生木と枯木である建設廃材との均一な混ぜ合わせも、発電効率を上げる面で重要な作業となる。

定量フィーダでは、木くずに含まれる金属片等の不純物を念入りに取り除く作業（前処理作業、磁選機使用）が行われ、その後、木くず供給フィーダへ運び込まれる。ここで金属片等が残ると、そのままボイラーに運ばれボイラー内で流動困難物となり、木くずのスムーズな流れの障害になってしまうので、作業は念入りに行われる。

図表1−1−3　当発電所の発電の流れ

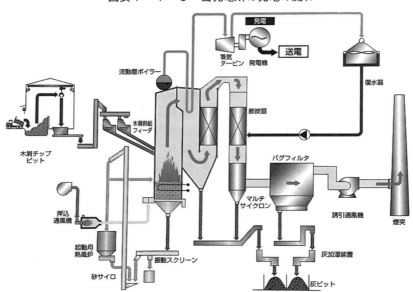

出所：当発電所パンフレット

②木くず供給フィーダでの処理

　発電量を一定に保つために、燃料となる木質チップの供給量を制御する。

③流動層ボイラーでの処理

　流動層ボイラーに送り込まれた木くずは、高温の砂とともに撹拌され、燃焼しながら細かく砕け、完全に燃焼する。ボイラー内の燃焼熱はボイラーを構成するパイプ内を流れる水を急速に水蒸気に変え、高温・高圧になった大量の水蒸気が蒸気タービンに送られる。

発電プロセスに関連する設備（左上：木くずチップピット／右上：木くず供給フィーダ／左下：流動層ボイラー／右下：蒸気タービン）

（出所：当発電所パンフレット）

④蒸気タービンと発電機の処理

　流動層ボイラーから送られてきた大量の水蒸気は蒸気タービンを回し、蒸気タービンに連結している発電機を回して発電が行われる。

(6) 発電プロセスに関するその他の設備

　当発電所の発電プロセスには、流動層ボイラーや蒸気タービンなどのメイン設備を支える以下のような設備が存在する。
　①押込通風機：燃焼用の空気を流動層へ押し込むための設備
　②起動用熱風炉：ボイラーの起動時に熱風を発生させる設備
　③砂サイロ：チップを浮遊完全燃焼させるために使用される流動砂を一時的に保管する設備

その他の設備（左上：押込通風機／中上：起動用熱風炉／右上：砂サイロ／左下：復水器／中下：バグフィルタ／右下：誘引通風機）
（出所：当発電所パンフレット）

④復水器：タービンを回した後の水蒸気を水（復水）に戻す設備

⑤バグフィルタ：発電処理後の排気ガス中のダストやちりを取り除き、大気に放出してもまったく問題のない清浄なガスにするためのろ過設備

⑥誘引通風機：バグフィルタで清浄化された排気ガスを大気へ放出するため、煙突へ送り込む設備

（7）当発電所が優れている3つの点

①エネルギー効率の高さ

株式会社バイオパワー勝田の株主の1社である株式会社タクマがボイラー専門会社なので、当発電所はボイラーに関する技術的優位性を活かして建設され、エネルギー効率が高い。さまざまな燃料を使用しても未燃が発生しない。

②技術面のレベルの高さ

株式会社タクマから専門家の派遣を受けて運営されていることや、運転員9人の中に「特級ボイラー技士」が2人いること（全国でも珍しい）など、当発電所は技術者や運転員の技術レベルが高い。

③地域からの信頼

地域に根差して活動している勝田環境株式会社の知名度により、当発電所も地域からの信頼が厚く、事業状況等を住民に定期的に公表するなどの情報公開も積極的に実施している。

（8）複合型リサイクルシステムで木質系バイオマスの最適リサイクルを実現

株式会社バイオパワー勝田のサーマルリサイクルと株主の1社である勝田環境株式会社のマテリアルリサイクルを近接地内に配置することで、複合型リサイクルシステムが実現されている。

①マテリアルリサイクル

建物の解体等で排出される「建設廃材」や森林の伐採や庭園等の樹木剪

勝田環境株式会社のマテリアルリサイクルの様子（左：建設系木くずライン／右：伐採系木くずライン）

（出所：勝田環境株式会社ホームページ）

定などにより発生する「剪定枝」などの木質バイオマスを、破砕、選別して再利用する。再利用プロセスでは、家畜の敷き藁の代用品やパーティクルボードなどへ再生される。

②**サーマルリサイクル**

　サーマルとは「熱」を意味しており、サーマルリサイクルとは廃棄物を単に焼却処理せず、ボイラーで焼却し発生する熱エネルギーを回収・利用することである。マテリアルリサイクルに適さない木質系バイオマスをチップ化し、バイオマス発電の燃料として当発電所に販売することで、サーマルリサイクルを完成している。

（9）勝田環境グループの複合型リサイクルシステムのメリット

①**リサイクルのレベルアップ**

　サーマルリサイクルを行う前は、マテリアルリサイクルに向かない木質チップは単純な焼却処分とされていた。サーマルリサイクルを併設することで、焼却熱の発電利用によりリサイクルレベルを向上し、循環型社会の実現に貢献している。

②**生木分野への事業拡張**

　従来、勝田環境株式会社は生木を引き取っても焼却処理できなかったた

図表１−１−４　マテリアルリサイクルのリサイクルフロー

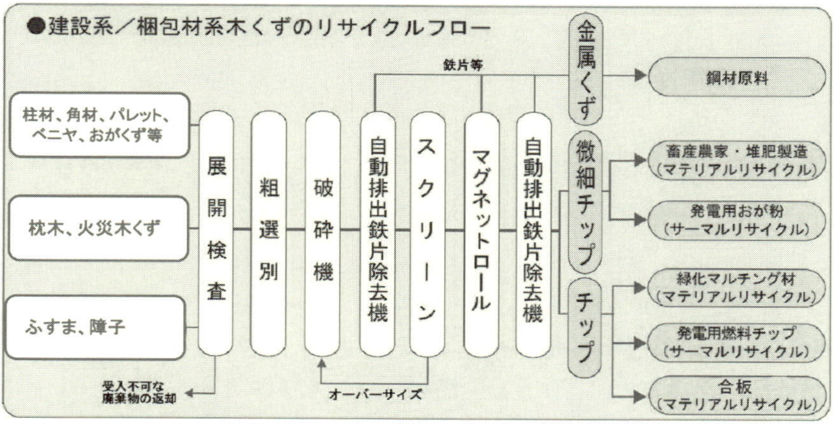

出所：勝田環境株式会社ホームページ

め、引き取りを断るケースがあったが、サーマルリサイクルで生木と枯木を混ぜ合わせて焼却することができるようになったため、顧客対応度が改善し、事業範囲を生木類にまで拡張することができた。

③カーボンニュートラルの実現

　植物系のバイオマス発電は、植物が成長する過程でCO_2を吸収するため、サーマルリサイクルでCO_2を排出しても、CO_2の増減という点では差し引きゼロと考えられる（カーボンニュートラル）。しかし、原料を遠くから取り寄せる場合、その輸送過程でCO_2を排出してしまうため、カーボンニュートラルが達成できない。勝田環境グループは、近接地内にバイオマス発電所をもっているため、カーボンニュートラルを実現できている。

(10) バイオマス発電の課題

①バイオマス燃料の安定調達

　近年、バイオマス燃料の調達が難しくなっている。当発電所も木質系バイオマス発電所の建設が相次ぐ中で、使用する木質バイオマスの確保が難

第1章　再生可能エネルギーの活用で温暖化防止　**27**

しくなり、今後、フル稼働を続けられない状況にいたることが懸念されている。

②売電価格の低さ

売電価格は、FIT（固定価格買取制度）により規定されている。当発電所の中心的燃料で発電した電力のFIT価格も低く（建設資材廃棄物買取価格13円＋税、剪定枝買取価格17円＋税）、当発電所はFITの活用は行っていない（旧RPS制度活用）。

以上の2つの経営課題解決には、今後の政府の新たな指針を待つ必要があるが、バイオマス発電にはエネルギーミックス政策の中で大きな役割が期待されており、今後の成長分野として注目する必要がある。

2 風力発電集積で地方創生
──道北 苫前町・幌延町・稚内市

（1）洋上含む風況は欧州北海並み：道北オロロン街道沿い

　世界の風力発電量順位（GWEC、2013年）をみると、日本は18位と後進国である。一方、風力発電協会（JWPA）のロードマップによると、2050年の国内全電力に占める風力発電比率は20％、洋上割合は5割である。特に道北日本海側は、大陸からの季節風により欧州先進地域の北海に近い風況にある。この道北日本海側を南北に結ぶ230kmの道が、「オロロン街道」である。

　この地方はかつてニシン漁で賑わった漁場で、餌を求めてオロロンと鳴く海鳥が多数生息していた。次ページの写真のように、多くが平坦で地平線さえも見られる。オロロン街道沿いには、北は稚内から南は留萌まで、風力発電回廊・丘陵が続き、風車は約200基を数える（図表1－2－2）。

　この中で、苫前町（南3番目）、幌延町（北2番目）、稚内市（最北）を取上げる。

図表1－2－1　2050年風力発電ポテンシャル

（単位：万kW）

電力会社管内	陸上	洋上着床	洋上浮体
北海道	11,823	9,221	15,624
東北	3,803	2,162	5,739
東京	284	2,148	2,637
北陸	246	0	0
中部	586	1,100	1,520
関西	656	13	101
中国	657	0	0
四国	271	157	324
九州	658	107	462
沖縄	174	347	0
合計	19,157	15,256	26,407

出所：環境省「平成25年度再生可能エネルギー導入拡大に向けた系統整備等調査事業報告書」のデータをもとに筆者作成

第1章　再生可能エネルギーの活用で温暖化防止　**29**

オロロン鳥（羽幌町）　　　地平線が見られるオロロン街道（筆者）

図表1－2－2　道内風力発電設置状況

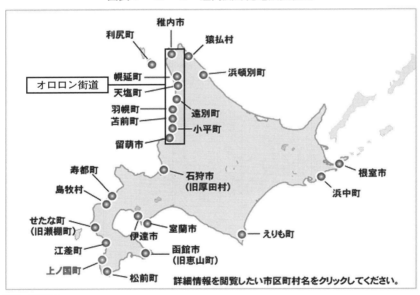

出所：NEDO

（2）自給率500％超、日本の風力発電のリーダー：苫前町

　苫前町は人口3,400人弱、主な産業は農林水産業であるが、実は日本の風力発電の草分け的存在である。ホームページを見ても、風車一色である。右

30

苫前町のホームページ

側に発電量や売電額等がリアルタイムに表示される専用バナーがあり、他の風力発電自治体の模範となっている。

発端は1995年、凧揚げ大会を主催する町おこし協議会の若者たちが、山形県立川町の風車に刺激を受けて提案、風力発電の権威である三重大学の清水教授にお墨付きをもらい、町長が決断して町営の大型風力発電所を建設した。また、「風力発電推進市町村全国協議会」（図表１－２－３）では、苫前町

図表１－２－３　風力発電推進市町村全国協議会役員（2014年７月現在）

会　　長：森　利男（北海道苫前町長）
副会長：松本昭夫（鳥取県北栄町長）　　片岡春雄（北海道寿都町長）
　　　　鈴木重男（岩手県葛巻町長）
理　　事：原田眞樹（山形県庄内町長）　　鈴木克幸（愛知県田原市長）
　　　　太田長八（静岡県東伊豆町長）　矢野富夫（高知県梼原町長）
　　　　会田　洋（新潟県柏崎市長）　　野田武則（岩手県釜石市長）
　　　　工藤　広（北海道稚内市長）　　黒田成彦（長崎県平戸市長）
監　　事：岩本薄叙（北海道えりも町長）　山下和彦（愛媛県伊方町長）

長が会長、風力発電専任職員が事務局長になっている。全国43市町村と8民間企業が加盟し、市町村が交代で毎年「風サミット」を開催し、2015年で19回目となる。

　理念は「地球環境と地域振興に寄与することを目的として、再生可能なクリーンエネルギーである風力発電の開発研究および利用、普及を総合的に促進する」とのこと。苫前町は、まさに日本の風力発電の推進リーダーである。その証として、苫前町のエネルギー自給率は何と536%、消費するエネルギーの4倍強を北海道電力に売電している（図表1－2－4）。

　設置状況は、町営と民間のユーラスエナジージャパン、ジェイウインド含め計42基、53,000kW（総事業費は約127億円）であるが、2000年以降、送電線能力の問題で建設できない状態が続いている。

　取材でうかがった町是「私たちは強風地帯という地理的条件と、送電線という産業遺産（炭鉱の遺産）に恵まれたことを有効な資源として活用することで、北海道はもとより、国内におけるクリーンエネルギーの先進地として

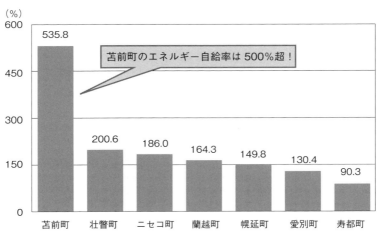

図表1－2－4　道内再生可能エネルギー自給率ランク

出所：苫前町ホームページに筆者追記

の役割を果たそうと思っています」が強く印象に残った。

(3) 筆頭株主で風力発電、売却益で町を活性化:幌延町

　幌延町は日本最北の稚内市から南へ60km、人口2,500人弱、酪農が主産業の過疎の町である。この町はエネルギーのあり方を検討しており、風力、太陽光、バイオマス、雪氷エネルギー等の活用に、実証実験や補助金で取り組んでいる。その牽引役が「オトンルイ風力発電所」で、オロロン街道沿いの3.1kmにわたって、750kWの風車が28基、一直線に並んだ風力発電回廊を構成している。

　2000年に町が過半を出資した合弁会社を設立し、北海道電力への売電事業を立ち上げた。当時の北電サロベツ発電所の1.5倍の高さ99mの風車を採用、沿岸に一直線に配置してより効果的に風を受けることで、安定した発電を行っている。発電量は町全体の消費電力の1.5倍である。運営が軌道に乗ったので、2013年度末に合弁パートナーの民間会社に株式の大半を譲渡した。この売却益活用も含め、幌延町では以下のようなエネルギー政策を行っ

幌延町風力発電回廊（オトンルイ風力発電所、左がオロロン街道）
(出所:幌延町)

ている。
- ・学校等公共の場への太陽光発電設備の設置
- ・酪農家に対するバイオマス発電補助金の給付（実施予定）
- ・LED照明や太陽光発電を取り入れた町民への補助金の給付
- ・公用車に電気自動車を2台購入　ほか

　土地は潤沢にあるが、さらに風力発電所を建設するためには、利尻・礼文・サロベツ国立公園近傍への設置許可が必要であり、ここでも送電線能力の壁がある。

（4）日本最大級の陸上風力、洋上でも先導役へ：稚内市

　稚内市は日本最北に位置し、人口36,000人、面積761km^2（東京23区の1.23倍）、中核都市ながら過疎化が進む自治体である。地域資源は、利尻・礼文・サロベツ国立公園をはじめとする観光、道内有数の漁港からの海産物、広大な土地を利用した酪農である。市は地方創生事業として、再生可能エネルギーの活用による地域産業の活性化を促進している。

　風況の良い稚内では1998年から、市で3基と民間で14基、計17基の風車を

宗谷岬ウィンドファーム（57MW：日本最大級）
（出所：稚内市ユーラスエナジー社）

設置してきた。2005年にはユーラスエナジー社が宗谷丘陵に、三菱重工製で１MW×57基という国内最大級のウィンドファームを設置した。稚内空港に着陸する飛行機からは、風車が林立する箱庭のような光景が見られる。

　また、稚内市内では、環境アセスメント評価の評価書１件（３万kW/10基）、方法書５件（36～60万kW/155～230基）、配慮書２件（約45万kW）と、風力発電計画が目白押しである。評価書以外の事業では、域内送電線能力の増強が必要である。

　さらに市として、稚内港の港湾区域への着床式洋上風力発電の導入検討会を開催して、風力発電先進自治体の地位を固めつつある。

（５）ソフトバンク孫正義社長の壮大な風力発電計画

　東日本大震災後、かねてから再生可能エネルギー事業に意欲を示していたソフトバンクグループの孫正義社長は、風力発電についても道北日本海側に壮大な計画を立てた。将来の洋上も見据え、第１段階としてオロロン街道沿いの７町村に、３MW×200基、計60万kWを設置する計画であった（幌延、豊富、稚内の国立公園地域は入っていない）。

図表１－２－５　ソフトバンク孫正義社長の壮大な構想→凍結

○事業概要
・仮称：道北日本海側エリアにおける風力発電事業
・事業者：北海道エネルギー開発株式会社
・計画位置：北海道天塩町、遠別町、初山別村、羽幌町、苫前町、小平町および
　増毛町（事業実施想定区域面積約84,700ha）
・出力：最大600MW（３MW級/高さ142mの風車200基設置）
○環境影響評価に係る手続
・2015.7.27　経済産業大臣から環境大臣への意見照会
・2015.9.11　環境大臣から経済産業大臣に意見提出
○その他
　道北送電線建設の「日本送電」へ出資

400ページにわたる「道北日本海側エリアにおける風力発電事業（仮称）における計画段階環境配慮書」等で法規制はクリアできた。また、域内送電線は、三井物産、丸紅とグループ内ソフトバンクエナジー出資の日本送電が行う手筈を整えた。

しかし、北海道と本州間の送電幹線「北本連系」の増強未完がネックとなり、この計画は凍結となってしまった。北本連系の能力は、現在60万kWしかない。これを増強しないと、北海道の風力や太陽光の電力を需要地の首都圏には送れない。発送電分離後に送電を担う予定の国が財政支援をして、津軽海峡トンネル内に30万kW分を直流送電する施設の建設を始めたが、完成は2019年である。それでも北海道の再エネ増強計画にはまったく足りず、総工費5,000億円以上といわれる300万kWへの期待も大きい。

しかし、この前提は、風力や太陽光の導入変動電力を火力で調整力のある首都圏、中部、関西方面で消費することであり、本当にコストミニマムとなるのか、検討が必要である。北海道内の再エネ電力自給率は30％にも満たず、地産地消を目的とした域内の調整力向上も検討課題である。

（6）地方創生の切り札「統合風力発電産業」の集積化

道北日本海側は、日本でも有数の過疎が進む地域である。オロロン街道沿いでも、朽ち果てた家屋が多い限界集落をいくつか観察できた。そこで、地方創生のためにも、道北日本海側地域のSWOT分析を行って施策を検討した（図表１－２－６）。

機会（O）では、COP21パリ協定が東日本大震災以来の再エネへの期待を再び喚起する。電力会社へのCO_2削減義務化から、コスト優先の石炭火力発電所新設に対するCDM（CO_2排出権）販売もチャンスとなる。脅威（T）では、北本連系の送電能力不足が逆に地産地消を促し、蓄電池や将来の水素貯蔵の推進が図れる。さらに、欧州に比べ数十年遅れているといわれる風車の技術開発も鍵となる。最後に、脅威（T）と機会（O）をミックスさせ、地

域資源の風を活かした風力発電の産業集積化「特区」の指定を目指したい。
　以上のような施策を図に整理すると、図表１－２－７のようになる。仮称を「統合風力発電産業特区（Wind Coast SEZ）」とした。
　風力産業の中核となるR&D施設は、民間のJVとNEDO出先からなる

図表１－２－６　道北日本海側の地方創生クロスSWOT

（注）S・W・O・Tがクロスする部分で、縦横両者が成り立つ方策を検討	強み（S）　1) 広大な原野と海　2) 酪農(地)と漁業(港)　3) 風況最高(地域資源)	弱み（W）　1) 厳しい自然環境　2) 高齢化・過疎化　3) 電力需要小
機会（O）　1) COP21再エネ再期待　2) 石炭火力CO_2　3) 地方創生政策	・風力発電の本腰増強　・CDM販売　・風力産業集積化特区	・風力発電産業の集積化による雇用創出
脅威（T）　1) 北本連系ネック　2) 風車技術遅れ　3) 地震多発地帯	・風車開発生産の誘致　・洋上浮体風力の開発	・水素貯蔵／蓄電池　・エネルギー全体の地産地消

出所：筆者作成

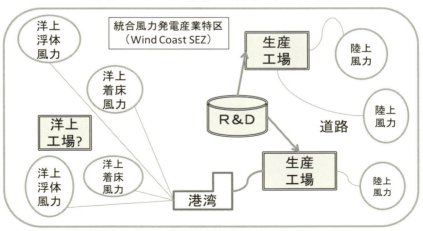

図表１－２－７　統合風力発電産業を集積化

出所：筆者作成

第1章　再生可能エネルギーの活用で温暖化防止　*37*

イメージで、CFRP素材によるブレード開発技術やパワートレインの生産技術の向上を図る。その成果を生産工場や洋上工場に展開、風力発電のサプライチェーンを構成して、コスト削減と工期短縮に寄与する。

　また、現在開発中の7MW風車の羽根1枚の長さ（半径）は80mもあり、運搬のための道路や港湾等のインフラ整備も必要である。さらに、風力発電には国立公園法や農地法等の法規制があり、特定産業の集積化を目的とした特区の指定が欠かせない。

　原発事故によって注目が高まった再生可能エネルギーの推進が現在踊り場にある中、COP21を再び追い風にして、統合風力発電産業を道北日本海側に集積させる「地方創生の切り札となる政策」を期待したい。

| | 3 | **太陽光発電を導入して効率経営を実現** |

ここでは、太陽光発電を早くから導入して経営に寄与している東京都の2社の事例を紹介する。

（1）オンリーワンのハーネス加工技術を多彩な分野へ展開する弘和電材社

株式会社弘和電材社は、ワイヤーハーネス・ケーブル加工を主体として、エレクトロニクス分野の高度化に幅広く貢献している会社である。

ワイヤーハーネス加工とは、信号通信・電源供給に使用される複数の電線にコネクター（接続部品）を取り付けた製品で自動車・精密機器等の内部でデータ・電源供給を可能にする部品のこと。生活の利便性を高め、ビジネスの効率化を実現するOA機器、健康を支える医療器具、住宅設備用製品さらに自動販売機に至るまで、多様な製品に活用されている。

当社は主に、大手精密機械メーカーや事務機器メーカーを取引先としており、創業40年を超えている。

また、節電を目的に、パネル1枚ではあるが太陽光発電設備を設置し、小

図表1－3－1　当社の概要

商　　　　号	株式会社弘和電材社
本社所在地	東京都大田区西蒲田6丁目
資　本　金	3,000万円
設　　　立	975年
従業員数	90名
海外拠点	インドネシア（カワラン市）、シンガポール
事業内容	①ワイヤーハーネス・ケーブル加工組立 ②各種電線・電纜の販売ソレノイド等 ③ソレノイド等コイル製造（海外工場生産）販売
発　電　量	49,414kWh（年間予定）

第1章　再生可能エネルギーの活用で温暖化防止　**39**

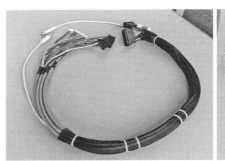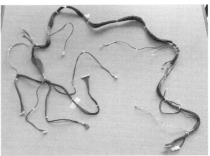

当社製造のハーネス製品

正面の外壁

規模の太陽光発電にトライアルしていた。当社の事業内容は、前述の通り電気関係であるので、このときの工事等はすべて自社の社員で行っている。

　東日本大震災の際、河内工場の周辺一帯は大規模停電に見舞われた。この際、小規模であるが電力の対応ができたことで太陽光発電の利便性に気づき、大規模な太陽光発電設備の導入に動き出した。

　当社の太陽光発電の申請は2013年度、稼働は2014年7月である。導入の際に、外壁と屋根の補強を行った。

（2）予想外の効果も現れた太陽光発電

　太陽光発電設備の導入にあたっての意思決定は、取締役経営管理室長・谷口浩司氏と取締役工場長・谷口文二氏の2人の主導によってスムーズに行われた。

　投資額は約2,000万円で、約11年間で回収する予定である。当初の年間発電量は49,414kWhであったが、導入後の実績値としては6％ほど上振れしている。また、屋根に太陽光パネルを設置したことによる熱遮断効果は予想外に大きく、倉庫内の室温は約5℃下がっている。

倉庫に設置された発電量を示すボード

自社製品を使用したパワコン

第1章　再生可能エネルギーの活用で温暖化防止　**41**

これまでは夏場は大型扇風機3台を使用していたが、現在は使用しておらず、光熱費の低減につながっている。

前述した太陽光設備では、直流の電気を交流に変換するパワコンが必需品であるが、当社はパワコンのメーカーにも自社製品を納品しており、もちろん自社製品を使用したパワコンを採用している。

（3）太陽光発電導入の実績を太陽光発電設備の販売に活かすA社

A社は、全国から加盟店を募って独自工法のフランチャイズ展開を行い、アパートと戸建住宅のフランチャイズチェーンを展開している。独自工法の特許を取得し、その工法に基づいてアパート・戸建住宅の建設をしている。その工法とは、以下の3つのコンセプトから生まれた当社のオリジナルである。

　① Amenity（快適性）：高品位・高品質の快適住空間
　② Economy（経済性）：コストを抑え、短工期を実現する先進工法
　③ Ecology（環境調和）：環境に配慮した省エネ技術

特に当社のアパート・戸建住宅は断熱性にこだわり、寒冷地である北海道地区、東北地区を中心に全国で2,000棟以上が建設されている。そのうち、太陽光発電設備の導入は約1割の200棟、発電量は18,000kW（年間）を超えている。

（4）独自工法を追求し、太陽光発電に注目

当社は、独自工法を強みとしてアパート・戸建住宅等の建設を行っている。その独自工法を構成する3つの要素の1つが、Ecology（環境調和）である。省エネ構造・環境配慮の先端工法で、前述のように特許を取得した当社独自の断熱材等を使用して冷暖房の稼働率を下げ、省エネ効果を追求している。

この要素の延長線上に、太陽光発電の導入があった。CSR（企業の社会的

図表1−3−2　当社の発電システム概要

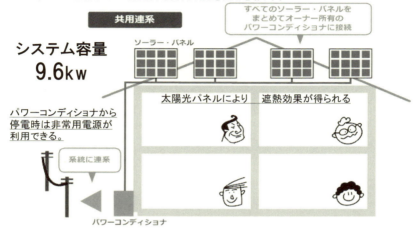

出所：当社パンフレット

図表1−3−3　固定価格買取制度の調達価格（1kWh当たり）の推移

発電量	2012年	2013年	2014年	2015年
10kW以上	40円	36円	32円	29〜27円
10kW未満	42円	38円	37円	35〜33円

責任）の面からも、アパート・戸建住宅の省エネ化は避けては通れず、2009年にFIT（固定価格買取制度）が施行されたことをきっかけに2010年にソーラー発電事業に参入した。

　参入当初は、アパート・戸建住宅オーナーの賛同を得ることに困難を極めた。特に、寒冷地である北海道地区、東北地区での設置では、雪の重量による太陽光パネルへの影響等の問題があり、国内では実例もあまりなかった。

第1章　再生可能エネルギーの活用で温暖化防止　43

そこで当社は、太陽光パネル設置のための架台を高くしたり、角度を大きくしたりして実験を続け、地道に営業活動を続けていた。また、太陽光パネルの素材も、それまでの主流であった「シリコン系」の素材を使ったパネルではなく、「化合物系」の素材を使ったパネルを採用した。

　シャープ、パナソニック、京セラ、三菱など、国内のメーカーはほとんどシリコン系のパネルを製造している。唯一、ソーラーフロンティア（昭和シェルの子会社）がCISという化合物系のパネルを製造している。

　当社があえて化合物系パネルを採用した理由は、①温度上昇によるロスが少ない、②日陰の影響を受けにくい等のメリットがあるからである。

（5）東日本大震災を境に太陽光発電に注力

　奇しくも、当社がソーラー発電事業に参入した翌年に東日本大震災が起

図表1－3－4　賃貸アパートへの太陽光発電導入プラン

アパートオーナー様のご要望に応える、4つの導入スタイル

賃貸アパートへの太陽光発電システム導入には、以下の4つのプランがございます。
オーナー様の敷地条件や経営方針を活かすプランをご選択いただけます。

① オーナー様宅の自宅電源に活用

1. 発電電力をオーナー様の自宅で活用し光熱費を削減。余った電力は売電できます。
2. 住宅の平均システムよりも大型のシステムを設置することが可能で高い売電効果があります。

② 賃貸アパートの共用電源に活用

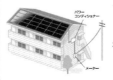

1. 発電した電力をアパートの共用設備の電気代に使用し、余った電力は売電できます。
2. 動力設備のないアパートなら、概ねすべての発電量を売電に回すことも可能です。

③ 入居者の自宅電源に活用

1. 【入居者向け】売電金額は入居者の口座に振り込まれます。エコ＆エコノミーなアパート！！付加価値のあるアパートなら地域相場より高い家賃設定も可能です。（売電を体験できる部屋を入居者に提供）

④ オーナーズルームの電源に活用

1. 発電電力をオーナールーム（自宅）で活用し光熱費を削減。余った電力は売電できます。
2. 住宅の平均システムよりも大型のシステムを設置することが可能で高い売電効果があります。

出所：当社パンフレット

こった。前述の通り、寒冷地である北海道地区、東北地区を中心に当社アパート・戸建住宅は建設されており、太陽光発電設備もこれらの地区に比較的多く設置されていた。

　震災後の停電により東北地方は２次的被害を受けたが、太陽光発電の設備を屋根上に設置されていた当社アパート・戸建住宅では、非常用電源として地域の住民に電気を提供し、非常に感謝された。

　この経験を活かして、2011年以降、全国40社以上の建設会社に太陽光発電のメーカー系列を超えたつながりを提案し、現在では太陽光パネルを屋上に設置している当社ブランドのアパート・戸建住宅は200棟を超えている。また、この実績により一般アパートや住宅の屋上にも太陽光パネル設置の提案を行っており、その設置件数は全国に及び、現在2,000棟を超えている。

（６）今後の当社の展開

　当社はこれまでの太陽光発電の実績をもとに、今後も自社ブランドのみならず、他社ブランドのアパート・戸建住宅にも太陽光発電の設備を設置していく予定である。また、自社工場の遊休地にはメガソーラの設置計画があり、近々実現する見込みである。

　当社は来年以降、従来の太陽光発電以外に他の再生可能エネルギーの導入も検討している。再生エネルギー分野における今後の当社の動向に注目していきたい。

4 温泉町の窮状を救う地熱発電
——福島市土湯温泉町

（1）エコシティとして動き始めた土湯温泉町

　福島市内から西南へ16kmほどの山間に土湯温泉町がある。温泉地区としては1400年もの長い歴史をもつ温泉街が、今、地熱発電で賑わいを見せている。

　賑わいの源は、同町が実施する再生可能エネルギー発電所（水力・地熱）見学・視察と地熱体験ツアーである。2014年4月の開始以降、近隣の学校や同町の発電に強い関心をもった地方自治体、他の温泉組合などから、のべ2,000人の訪問客を呼び集めている。

　注目を集める理由は、その発電方法にある。バイナリー発電と呼ばれる比較的小規模な発電所に向いた方式であり、既存の源泉を利用したエネルギーの地産地消が可能になる。

土湯温泉の全景

（2）バイナリー発電とは

　バイナリー発電では、図表1－4－2のような方式で発電を行う。地熱流体（蒸気、熱水または両方）を用いて、水よりも沸点の低い媒体を気化させ、その蒸気の圧力を使ってタービンを回して発電を行うものである。地熱流体のうち、大深度からの天然蒸気を使ってタービンを回すフラッシュ方式に比べ、①蒸気と熱水の両方を用いて媒体を気化する、②気化した媒体でタービンを回すという2つの流れがあることからバイナリーと呼ばれる。

　当発電所の発電機では、ノルマルペンタンと呼ばれる沸点36℃の媒体を使っており、低温の地熱流体でも効率的に発電が可能になるというメリットがある。

図表1－4－1　土湯温泉町の地熱発電の概要

項　目	内　容
運営会社	株式会社元気アップつちゆ つちゆ温泉エナジー株式会社 （NPO法人土湯温泉観光まちづくり協議会と湯遊つちゆ温泉協同組合が共同で出資した事業体）
運転開始	2015年11月
規　模	発電端出力　400kW 売電端出力　350kW 年間発電量　約260万kWh（一般家庭約500世帯分）
売電収入（見込）	約1億円／年
廃棄物処理法	廃棄物なし

図表1－4－2　地熱発電の方式（フラッシュ、バイナリーサイクル）

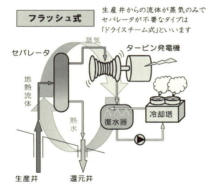
生産井からの地熱流体のうち蒸気のみを取出し
その蒸気で直接タービンを回す方式です。

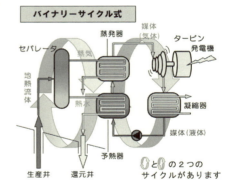
生産井からの地熱流体の蒸気も熱水も両方利用し
その熱で媒体（水より低温で沸騰する）を気化させ
媒体の蒸気でタービンを回す方式です。

出所：JFEエンジニアリング

　発電に使う地熱流体は、図表1－4－3のような流れで処理される。源泉から湧き出す地熱流体は140℃の高温であり、バイナリー発電の導入前は冷水により65℃まで冷却したうえで各温泉旅館などの温泉組合加入拠点へと送られていた。バイナリー発電で活用する熱は、従前、冷却されていた部分

図表1－4－3　バイナリー発電のイメージ

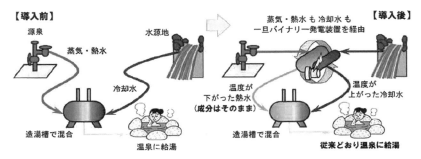

出所：JFEエンジニアリング

であり、無駄にしていた熱の有効活用が実現している。同時に、冷却水は21℃まで温度上昇する。当該熱量の有効活用が検討されており、近い将来の実現を待っている。

　加えて、媒体として使っているノルマルペンタンは、劣化・消費することがなく、半永久的に使うことができ、廃棄物にはならない。その他、当該発電サイクルにより排出されるのは温度上昇した冷却水と温泉水のみであり、環境に有害な廃棄物がないことも重要なメリットである。

（3）温泉街として賑わった過去の土湯温泉

　温泉地としての歴史が古く、JR福島駅から近い土湯温泉は、過去、多くの湯治客を集めてきた。最盛期の1990年代には25軒の温泉旅館があり、年間40万人の観光客があった。しかし、景気低迷や人口の高齢化が進む中で徐々に湯治客の足は遠のき、同時に住民の高齢化も進んで、2011年には旅館の数も22軒に減ってしまった。

　そこへさらなる打撃となったのが、東日本大震災である。被害の大きかった福島県の一部に属する当該地区では、地震による建物の倒壊も見られた。たとえば、被害の甚大な温泉旅館では、本館・別館のうち、本館が地割れの影響で割れてしまうという被害もあった。もともと設備保守のために定期的

にまとまった額の費用が必要となる温泉旅館では、このような天災による被害に対して復旧の費用を賄うことができず、この旅館はやむなく廃業することとなった。

さらに影響が大きかったのは、風評被害である。原発事故による放射能汚染に対する恐れにより、客足が途絶えた。震災発生当時の年間利用者数は、およそ2万人まで極端に減少した。この2万人についても、ほとんどは福島県地域で自宅を失った住民が仮住宅として一時避難していたものであり、仮設住宅等が整備されるに伴って、これらの利用客も去って行った。

（4）立ち上がった若手リーダーたち

このような未曾有の危機に対して立ち上がったのが、地元メンバーである。土湯温泉では、東日本大震災以前のバブル経済崩壊の頃から「アラフド」と呼ばれる地域振興活動が行われていた。アラフドとは、初雪を踏みしめ道筋をつくるという意味のこの地方の方言であり、漢字では「新踏土」と表記する。誰も経験したことのない地域活性化事業に地域一丸となって取り組むため、温泉だけに頼った観光事業に限界を感じていた地元の若手リーダーたちが、自ら先頭に立って道筋をつくる活動である。

それまでも土湯温泉町の活性化の施策はいくつか行われてきたが、東日本大震災後の未曾有の危機を受け、最後の生き残りのためにさまざまな施策が検討された。この活動からバイナリー発電の導入につながったのは、それまでの縁の賜物である。温泉熱を利用した発電を検討していることを、土湯温泉の源泉に長年かかわっているプラント会社を通じて、JFEエンジニアリングの担当者が耳にした。JFEエンジニアリングは土湯温泉の配管工事を請け負っており、もともと同町とはなじみが深い会社であった。それに加え、バイナリー発電装置の海外最大手メーカー・オーマット社と技術提携する製品について、日本国内の独占的な販売提携をしていた。

このような縁でJFEエンジニアリングからバイナリー発電の提案を受け

図表１－４－４　土湯温泉の再生可能エネルギー推進体制

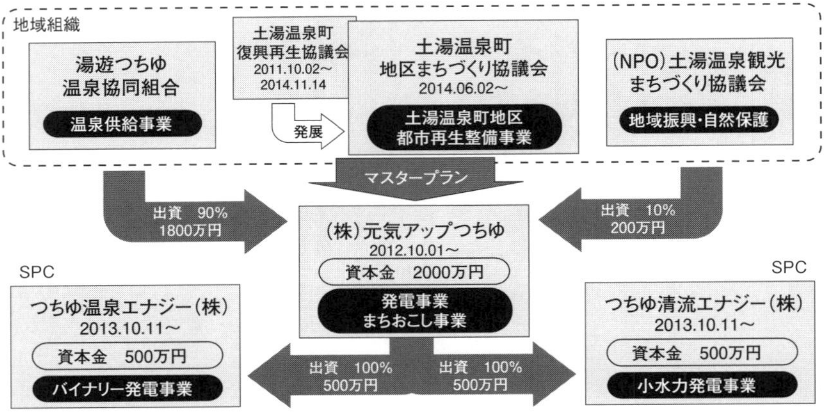

出所：つちゆ温泉エナジー株式会社

て、本格的な検討が始まることとなった。現在では、図表１－４－４にあるように、湯遊つちゆ温泉協同組合と土湯温泉観光まちづくり協議会の出資により設立された株式会社元気アップつちゆを中心に、再生可能エネルギーの施策が推進されている。

　当初は、社長１名と従業員１名の小規模な体制でスタートした事業ではあったが、土湯温泉町出身者以外の専門知識や資格をもった人材を採用し、従業員は３名まで増加し、現在でも徐々に規模は拡大している。

（5）バイナリー発電導入と地域活性化への道のり

　バイナリー発電導入の検討から実現に至るまでは、苦難の連続であった。実際に検討が始まったのは2011年10月であり、工事開始が2014年６月、発電開始が2015年11月である。実現まで、実に４年の歳月を要したことになる。

　地熱発電に必要な源泉や冷却用の水源確保は、比較的スムーズに進めることができた。要因としては、源泉の所有者が地元の温泉組合であり、危機感を共有していたため、反対意見の調整等が必要なかったことがあげられる。

50

もしも、廃業した旅館を大手ホテル業者が買収するようなことがあれば、意見調整にもっと時間を要していたはずである。実際、源泉や冷却水の利用は無償となっている。

一方で困難だったのは、資金調達である。バイナリー発電設備の建設事業費は約6.3億円にも上る。この資金は、その1割を経済産業省の補

源泉（17号源泉）　地熱体験ツアーでは間近で見学することもできる

助金（再生可能エネルギー発電設備等導入促進支援対策事業費補助金）、9割を民間金融機関からの借入金により賄った。借入金のうち8割は、独立行政法人石油天然ガス・金属鉱物資源機構（JOGMEC）による地熱資源開発資金債務保証を利用し、国による保証を受けている。この借入金は、地熱発電で得た電力を売電することによる年間1億円の収益から10年間で返済する計画となっている。JOGMECによる債務保証も、土湯温泉の地熱発電が第1号であり、申請手続き等のノウハウがないため、試行錯誤の繰り返しとなった。

しかし、このような苦労の結果、2015年11月、無事に発電を開始することができた。発電開始から3週間程度経過した2015年12月時点で、当初計画通りの350kWが順調に出力できている。

（6）土湯温泉町の強み

現在、日本中で多くの温泉街が顧客の減少により苦境に立たされている中、土湯温泉町が独創的な方法で解決策を見出し、実行に移すことができた要因は何か。元気アップつちゆの従業員に話を聞いた。理由としては、①開かれた文化、②挑戦する姿勢、③一致団結した体制、があげられる。

まず①について、再生エネルギーの推進体制には、元気アップつちゆの加

第1章　再生可能エネルギーの活用で温暖化防止　*51*

藤社長や温泉組合の幹部などを除けば、土湯温泉町以外の出身者も多く含まれる。地元出身者だけで排他的になってしまいがちな地域活性化施策の検討に、他地域出身の人材が自由に意見を述べることができ、採用されることも大変に多いという。

　次に②について、特に東日本大震災による壊滅的なダメージを受けて地域の生き残りがかかっているという背景もあり、多様な人材によるさまざまなアイデアをまずは試してみるという挑戦的な姿勢があった。アラフドたちが当初設立した土湯温泉町復興再生協議会のころから、さまざまな活性化の施策を試みたが、その1つが地熱発電であった。今回無事に稼働開始に至ったが、施策はこれで終わりではなく、これからもさまざまな施策が計画されている。

　最後に③について、地熱発電の稼働準備の際に、熱源や冷却水の利用についてスムーズに地元温泉組合の同意を得られたことからもわかるように、アラフドたち地域のリーダーが一度決めた方針には、土湯温泉町が全町一致団結して推進していくという協力体制がある。

（7）挑戦はこれからも続く

　地熱バイナリー発電が2015年11月に稼働を開始し、再生可能エネルギーによるまちづくりは大きな一歩を踏み出した。もう1つ、東鴉川の砂防堰堤を利用した小水力発電も2015年4月16日に稼働を開始したが、それだけでまちづくりは終わらない。地熱発電や小水力発電によるエネルギーの地産地消をはじめとして、これら再生可能エネルギーに関する体験学習を目的としたエコツーリズムによる観光客の増加、さらには、湯量が豊富な源泉を活用した新産業の創出と地域の雇用創出も目指している。

　地熱を活用した新産業としては、①温泉熱を活用した野菜工場や温室栽培、②好環境適用水を使った海水魚の養殖、などが検討されている。

　①は、ミラクルフルーツと呼ばれる西アフリカ原産の希少フルーツの栽培

が福島高校により実証研究されている。成分として含まれる「ミラクリン」という特有のたんぱく質の味覚修飾機能の影響により、レモンなどの酸っぱいものを食べると甘く感じることができ、糖尿病の治療など医療関係に効果が期待される。

バイナリー発電装置

②の好環境適用水とは、大学で研究されているもので、海水・淡水以外の第三の水といわれている。魚の浸透圧調整に関わるわずかな濃度の電解質を淡水に加えることで、淡水魚・海水魚が養殖可能となる。

念頭にあるのは、46％を超えた高齢化率である。地域の産業を育成し、雇用を創出し、外部から住民や観光客を集めるアラフドたちの今後の取組みに注目したい。

5 高専発、地域から世界を目指す小水力発電
——徳島県阿南市

　ここでは、再生可能エネルギーの１つ、小水力発電事業の徳島県阿南市における取組みを紹介したい。また、この事業の推進に関して企業と地元の工業高等専門学校が果たし、今後も果たすべき役割・機能についても取り上げたみたい。

（１）高等専門学校の役割
　阿南工業高等専門学校（以下、「阿南高専」）は、筆者の母校でもある。思えば、私がこの学窓を出立してから40数年を経過している。高専出身者であることは、重きにつけ軽きにつけ、筆者の出自そのものであった。
　一般に高専制度といえば、①５年間一貫教育：特別な入試のない専門家養成課程、②良好な就職実績：通年で求人倍率は約14倍、③着実な進学実績：本科卒業生は専攻科への進学や多くの大学の３年次に編入可能、④専攻科制度：高専や短大等の卒業者・社会人を対象、といった特徴で語られることが多い。これらは、半世紀を超える歴史の中で形成されてきた制度的成果である。
　一方、この教育制度から巣立った卒業生も着実に社会的地位を獲得してい

阿南高専 Anan College of Technology

る。チャレンジ精神あふれる取組みと果敢なアントレプレナーシップ精神は、私たち高専OBの原点ともいえる。ここでは、現在進行中の具体的なプロジェクトの紹介を行いたい。

(2) 阿南高専での研究活動

まず、事業推進の技術的中核を担った阿南高専での再生可能エネルギー研究活動について紹介する。

①研究会活動のスタート

阿南高専特命教授の鶴羽、宇野両氏は、阿南高専草創期のメンバーであり、大手民間企業に勤務の後、阿南高専の特設講座の担当教授として着任・活動している。2011年、2人を中心として、阿南高専内で再生可能エネルギー研究会（以下、「研究会」）の活動がスタートした。主宰者は、宇野教授であった。

鶴羽正幸氏

研究会の活動目的を、図表１－５－１にまとめた。また、これらの活動内容をまとめると、図表１－５－２のようになる。多方面、多彩な活動に着目いただきたい。鶴羽教授は、後述する株式会社バンブーケミカル研究所の代表者として、実際の産

宇野　浩氏

図表１－５－１　再生可能エネルギー研究会の活動目的

再生可能エネルギー、特に小水力発電の開発活動で	
①環境人材の育成	⇒環境・エネルギー時代の技術者
②ドイツIdeenExpo出展	⇒ドイツ青少年に小水力の教育・紹介
③アジア留学生の環境活動	⇒アジア低炭素化への次期中核人材
④地域社会への貢献・連携	⇒地域と学生・アジア留学生との交流
⑤活動成果の対外発表	⇒学生の社会人基礎力向上

図表1−5−2　再生可能エネルギー研究会の活動イメージ図

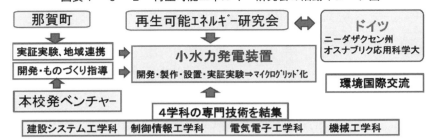

業機器の開発・販売を今も継続している。
②小水力発電についての基本的考え方
　図表1−5−3は、小水力発電についての基本イメージを図式化したものである。いたずらに理想を追うのではなく、バランスをもった事業推進が必要ということである。
　また、図表1−5−4は、小水力発電の導入に際して考慮するべき特徴と課題を示したものである。比較的経済効率が高く成功裏に推移した場合には、大きな社会的影響力をもたらすことが予想される。反面、河川法等の制約条件があり、法的手続きが煩雑となる。加えて、水利権の存在は地域の人間関係のトラブルにも発展しかねない危険性をはらんでいる。さ

図表1−5−3　小水力発電イメージ図

56

らに、個別の設置場所の条件に適合した機器設計、製作が必要となる。これらを前提条件として事業は進むのである。

以上を鑑みて確立された開発コンセプトを、図表1－5－5にまとめてみた。教育的観点が織り込まれていることに留意していただきたい。

図表1－5－4　小水力発電の特徴と課題

特　徴
- 昼夜、天候に関係なく、年間を通じて安定した発電が可能
- 出力変動が少なく、系統連系、電力品質への影響が小
- 設備利用率が50〜90％と高く、太陽光発電の5〜8倍を発電
- 経済性が高い（地点ごとに異なる）
- 未開発包蔵水力は300万kW
- 設置面積が小さい（太陽光と比較して）

課　題
- 法的手続きが煩雑で、面倒（太陽光や風力に比べ、多くの申請が必要）
- 水利権の認可が必要
- 設置場所の条件（落差と流量）で機器の内容が異なる

図表1－5－5　小水力発電の開発コンセプト

- ピコ・マイクロ水力分野を対象：発電容量0.1〜5kW
- 河川の流れに対応した3方式のバリエーション
- コストパフォーマンスを確保
- 「地産地消」（地元徳島で開発、製作、設置し導入）
- 設置工事費はほとんど必要なし「置くだけ」
- 河川法や水利権の申請を容易化
- 学生の教育にも寄与

①ペルトン式

②スクリュー式

③開放周流式

③教育現場という制約の中で

　当然、阿南高専自体での経済活動には制限があるが、実証実験協力、卒業研究活動として活発に学生は事業参加している。ドイツ、ハノーバ市でのアイデア万博に出品された小水力発電システムを評価する報道がなされたこともある。2013年5月のことである。

（3）株式会社バンブーケミカル研究所の果たした役割

　前項までは、アカデミズムの世界の中での取組みを中心として解説・紹介を行った。しかしながら、経済活動の成功とは、あくまでも私企業の営利活動が実現されることである。ここで紹介する株式会社バンブーケミカル研究所（以下、「研究所」）は、阿南高専発のベンチャーとして、2010年、前出の鶴羽特命教授を代表者として、阿南高専インキュベーションセンター内で設立された企業である。企業名にあるように、地元の竹資源の開発的活用を主目的として各種の産業機械を世に送り出している。これら機器の設計・開発・営業を一身に担った活動を行っているのは、鶴羽特命教授である。まさに、阿南高専発のスーパーマンである。学生の育成という教育者の役割を果たしたうえで、小水力発電事業にも取り組んでいる。

　図表1－5－6に、小水力発電の実証・実験事業の例を紹介する。徳島県の山間地区での事例である。ペルトン型を活用した発電設備導入は、2年間にわたり継続し、当社の注目度を高めた。これらの活動が、世界的な飛躍へとつながる契機となった。

株式会社バンブーケミカル研究所ホームページ（左）と
インキュベーションセンター（右）

株式会社バンブーケミカル研究所の主な開発製品（左上：自動竹粉作製装置／右上：自動竹繊維作製装置／左下：量産型竹炭焼き装置／右下：バイオマス用バーカー）

（4）事業の推進役・コネクターハブ企業の喜多機械産業株式会社

　今まで紹介したのは、阿南高専という研究・教育機関に加え、高専OBが起業したベンチャー企業であった。陣容的にも不足とはいえないものの、決して充分ではないものと予測される。

　ここで言及したいのは、地域でのコネクターハブ企業の役割である。2012年版の中小企業白書では、これらの企業の役割について、詳細に分析されている。それをまとめると、コネクターハブ企業とは、「複数の企業から仕入れ、自社で付加価値を高め、そして域外へと販売している。その結果、企業間の取引を通して、地域外から資金を獲得し、地域に資金を配分する中心的な役割を担っている」企業のことである。ここであげる喜多機械産業株式会

第1章　再生可能エネルギーの活用で温暖化防止　**59**

図表1－5－6　徳島県那賀町岩倉での導入事例

2013年度実施内容
＊ペルトン式水力発電機設置　＊発電能力確認
　　落差54m　　　　　　　　　発電能力667W

2014年度実施内容
＊ペルトン式水力発電機
・発電能力向上
　　発電能力1.4kW
・取水口をさらに上流へ
　　約40m上方（h=94m）
・ノズル配管最適化
　　3方分岐配管
　　渇水期でも安定発電可能

＊街路灯・誘導灯設置
　LED電灯19灯
　非常用電源
・発電電力の地産地消
＊系統連系可能性調査
・電力会社との協議開始

発電電力の利用
LED電灯19灯を付近の道路沿いのガードレールに取り付けて点灯

集会所の前

社（以下、「喜多機械」）にその可能性をみるのである（図表1－5－7）。

　喜多機械の業務機能は多岐にわたっている。建設機械のリース業がメイン業務とされているが、太陽光発電をはじめ新規分野への参入も進めている。小水力発電分野についても例外ではない。このプロジェクトでは、阿南高専OBである高橋取締役を子隅氏と小山氏が支えている。プロジェクトのスキームを、図1－5－8に示す。

　当然、発電設備は、バンブーケミカル研究所が提供した2連スクリュー式の小水力発電設備であり、当事業は成功裏に推移している。

（5）今後の展開

　現在、小水力発電事業は、農業用水等の活用可能性を探っているところである。機会があれば、紹介をしたい。また、阿南高専、研究所、喜多機械のトライアングル活動は、コネクターハブ企業としての喜多機械の機能が充実

図表1-5-7　喜多機械産業株式会社概要

■業務概要

■キャッチ＆ロゴ
新たな価値の創造と豊かな未来づくりを目指して

■会社概要

設立	1961年4月13日
代表者	代表取締役　仲田優晴
資本金	1,000万円
社員数	204名（2015年4月1日現在）
所在地	徳島市庄町3丁目16番地
TEL（代表）	(088) 631-9266

プロジェクトの立役者（左から取締役・髙橋重之氏、開発営業部副部長・子隅孝彦、開発営業部係長・小山剛史氏）

図表1-5-8　喜多機械産業株式会社による提案事業のまとめ

 国際協力機構　平成25年「第1回民間提案型普及・実証事業」

・フィリピンに2連スクリュー式小水力発電所を設置
・ミンドロ島のプエルトガレラ市の観光名所の滝の下流に設置
　発生電力：max. 1 kW
・JICA－四国電力㈱－喜多機械産業㈱－阿南高専との連携事業

第1章　再生可能エネルギーの活用で温暖化防止　**61**

されることによって躍進の路を歩むものである。

　あたかも時機を期するように文芸春秋2015年12月号に「地方企業を支える高専の底力」と題するルポルタージュが掲載された。この記事には、鶴羽先生も登場する。地域の企業や産業との関わり等について、地方創生と人材育成の観点から阿南高専教官、学生が取材を受けた。詳細は実際の記事に譲るとして、イノベーションの担い手として母校の機能が注目されることは、出身者として面映ゆいながらも光栄なことである。今後とも、高専制度に期待したいものである。

　最後に、多忙な研究・事業活動継続中にもかかわらず、各種の資料を提供いただいた鶴羽、宇野両阿南高専特命教授、高橋取締役はじめ喜多機械の皆さまへ感謝の意を表したい。

第2章

エコシティで
地域を活性化する

	富士山と八ヶ岳の伏流水でまちぐるみの
1	水力発電──山梨県都留市・北杜市

（１）地産地消、地域コミュニティ密着型のクリーンエネルギー "小水力発電"

　水力は、日本人にとっては最も古く、親しみを感じるエネルギーかもしれない。国土の約７割が森林地帯の日本では、海岸線近くまで迫る山々から、河川が勢いよく海にそそぐ。水車を使ってその流れをエネルギーとして取り出し、穀物の精米・製粉、あるいは製材などの動力源などさまざまな形で利用してきた。水のエネルギーは、かつて村々の生活や産業を支えてきたのだ。

　この「水車」を利用した水力発電が、地産地消、コミュニティ密着型の再生可能エネルギーとして注目されている。ダムは人工的に水の高低差をつくり出し、そのエネルギーで水車と連結した発電機を稼働させ、電気エネルギーに変換する。小水力発電の原理も、基本はこれと同じである。

　小水力発電は用水路や小河川に取水口を設け、そこから水圧管路を使って、発電所にある発電機と一体となった水車に水を送り込む。発電エネルギーに利用した水は用水路や小河川に戻すため、下流の水量に影響を及ぼさないのである。

（２）水の都・山梨県は小水力発電の先進地
①山梨県庁エネルギー局エネルギー政策課の取組み

　エネルギー政策課は、クリーンエネルギー発電を行う事業が円滑に進むよう、土地利用、開発等に関係する県庁内の課や市町村との調整を行うセクションである。積極的な取組みが評価され、防災拠点等への再生可能エネルギー等の導入に関して、環境省から2013年度再生可能エネルギー等導入推進基金事業（グリーンニューディール基金事業）に採択されている。

　また、県は小水力発電フェアを年に１度開催し、国の関係機関や業界団

体の専門家を講師に招き、水力発電機（水車発電機）の製造企業や発電会社に対して、事業化に関わる法規などとともに、小水力発電に関する現状と課題について講習を行うなど、さまざまな形で情報発信している。

②水力発電の開発促進のための小水力発電開発支援室

さらに山梨県は、県の特性を活かした水力発電の開発促進を行うため、小水力発電開発支援室を設置している。小水力発電に関する相談の受付け、小水力発電の開発可能地点の情報提供、支援を希望する県内の市町村、民間企業などに対する技術的支援、流量測定やモデル施設の事例紹介および小水力発電の普及啓発活動などを常時行っている。

山梨県は、県内の電力需要の約3割を水力発電で賄うことが可能と試算し、2050年までに水力発電と太陽光発電を拡大し、電力需要の100%を再生可能エネルギーで供給する構想をもっている。

次に、県のこの構想に呼応して、小水力発電事業に積極的に取り組んでいる県下の2つの市を紹介したい。

（3）「小水力発電のまち」都留市の取組み

①"ハマ"の飲み水を支える山間のまち

都留市には、富士山の豊富な湧水を湛える山中湖を源流とする桂川と、7つの支流が流れている。桂川は神奈川県の相模湖に注ぎ込み、下流域では相模川と名を変えるが、横浜市の水源となっているのだ。

市街地を貫く家中川は、桂川から取水し生活や農業用水として活用するため、1639年に時の城主により開削された。水量が豊かなうえ、地域一帯が富士の裾野のなだらかな傾斜地にあることから、流れが急で水車による動力源の確保に最適だったため、1905年、地域への電力供給を目的に、谷村電燈（当時）によって水力発電所が建設された。

その後、谷村町（当時）が電気事業を譲り受け町営電気事業とし、1953年まで稼働していた。

第2章　エコシティで地域を活性化する　**65**

②家中川小水力発電設備「元気くん」の誕生

　市はこの歴史を掘り起こし、まちづくりにつなげるため、2003年に「都留市地域新エネルギービジョン」の策定を契機に、2007年には「小水力発電のまち―アクアバレー都留」構想を策定し、これらに基づき、元気くん1～3号を設置するなどの取組みを進めた。

　まず、2005年に市役所庁舎前と谷村第一小学校の敷地を流れる家中川に、市役所庁舎の自家発電設備として木製下掛け水車「元気くん1号」（20kW）を建設した。その後、2010年に上掛け水車「元気くん2号」

元気くん1号　　　　　　　　元気くん2号

元気くん3号

【設備概要】
・名称：元気くん1号・2号・3号
・所在地：都留市上谷
・事業主体：都留市
・河川名：家中川（普通河川）
・設備容量：1号20kW、2号19kW、3号7.3kW
・計画期間：2001年度市民活動開始、2004年度事業開始、2006年度1号、2010年度2号、2012年度3号運転開始

【備考】
・1号は発電用としては国内屈指となる径6m、幅2mの木製下掛け水車（ドイツ製）を採用。
・1号と2号は補助金のほか、住民参加型市場公募債を活用。
・発電した電力は市役所で消費し、余剰電力は売電。

（写真提供：山梨県都留市）

（19kW）、2012年にらせん水車「元気くん3号」（7.3kW）と続けて建設し、現在も稼働中である。それまでは、「都留文科大学があるまち」と紹介した方が通りが良かったが、最近は「小水力発電のまち」、「元気くんがあるまち」というイメージも定着しつつあり、市民も親しみを込めて「元気くん」と呼んでいる。

東日本大震災をきっかけに、日本でも再生可能エネルギーに注目が集まり、電力会社による固定買取制度も開始されたことから、都留市には、国内はもとより海外からも大勢の視察客が訪れるなど、交流人口の増大にも貢献している。

③「つるのおんがえし債」で事業を推進

ユニークなのは、元気くん1号と2号の建設にあたり、市民参加型のミニ公募債による資金調達を行ったことである。市はNEDOの補助金の他、地球環境に対する都留市民への感謝の念を込めて、自然エネルギーによる環境負荷の軽減に資することを目的として、2005年度に住民参加型市場公募債を発行、これを活用し1,700万円分の資金を調達した。本事業は、全体ではNEDO経済産業省補助金、一般財源、市民公募債の官公民三位一体で推進した。

市民債を発行したのは、この事業が、都留市が地域社会像の1つに掲げる「持続可能な定常社会」を具現化するために、市制50周年を記念して「水のまち都留市」のシンボルとして計画されたからだ。発電した電力は、通常は市役所の電力として用いられるが、夜間や土日の市役所の使用電力が軽負荷な時には売電を行い、庁舎の電気料低減と地球環境に貢献している。

（4）「環境日本一の潤いの杜づくり」北杜市の取組み
①八ヶ岳連峰のウォーターファーム（水のエネルギーを収穫する農場）

南アルプス国立公園、秩父多摩甲斐国立公園および八ヶ岳中信高原国定

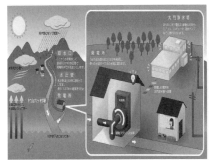 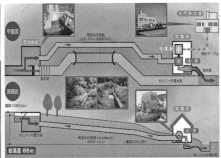

　　　水の循環と水力発電　　　　北杜市村山六ヶ村堰水力発電所の仕組み

（出所：北杜市ホームページ）

公園にまたがる北杜市は、南アルプス、八ヶ岳などに隣接し、市域の約7割が森林であり、ミネラルウォーターの生産量、日照時間、オオムラサキ（日本の国蝶）の生息という3つの日本一がある。

　村山六ヶ村堰ウォーターファーム（水のエネルギーを収穫する農場）は、そんな北杜市にある。川俣川東沢と西沢から取水し、16kmあまりの水利区間で農地への灌漑と生活用水に利用（受益面積約480ha）され、農林水産省の"疎水百選"にも選定された1,000年以上の歴史を有する「村山六ヶ村堰」を活用する。ウォーターファームは4つの小水力発電所を整備し、温暖化問題とエネルギー問題の解決に寄与する取組みなのである。

②北杜市の取組みの特徴

　北杜市の取組みの先進的な点は、①官民パートナーシップによる共同導入を行ったこと、②同一水系を面的に開発（4発電所）したこと、③開発にあたり行政の調整力を活かし、小水力発電導入加速化の先進モデルとなるべくスキームをつくったこと、④ウォーターファーム総出力合計970kW、年間推定発電量は7,000MWhで、発電力は北杜市世帯の10％相当の能力を有し、十分実用に供しているという点である。さらに、約3,885トンのCO_2削減効果が期待できるという。

北杜市は、小水力発電の導入可能性のある地域として、これに積極的に取り組むべきであると考え、北杜市村山六ヶ村堰水力発電所（出力320kW）を市単独で導入し、2007年4月に営業稼働を開始した。

　手始めに村山六ヶ村堰に1ヵ所導入し、その経験をもとに、新たな地点開発では、民間活力を最大限活用した「官民パートナーシップ＋面的開発」という導入加速化パッケージのコンセプトをつくった。このことにより、1水系で3ヵ所の小水力発電所（総出力650kW）を計画から完成まで2年間で実現した。また、面的な開発により建設期間の短縮、工事費の縮減、メンテナンスの効率化を図り、事業化のスピードアップとコスト縮減を同時に達成した。いわば、水力発電のドミナント戦略をとったのである。

③官民パートナーシップを最大限に活かした取組み

　地方公共団体が直接小水力発電所を整備する場合には、需要先の施設、設備容量、電力の利用形態の決定、維持管理体制や税金投入の妥当性の検討など課題も多く、導入に至るまで時間を要するケースが多い。

　なかでも、水力発電所の適地はそのほとんどが山間部に存在し、地方公共団体の自家消費を基本とした小水力開発においては、公共施設などの需要施設が同一敷地内に存在しないなどの理由から開発が進まないなど、電気エネルギーであるがゆえの悩みも多い。

　また、地域への依存度が大きい小水力発電事業において、民間事業者が単独導入する場合には、借地権、治水権や騒音対策など土地改良区をはじめ地元との共生関係の構築が不可欠であり、導入地域にとってなじみのない民間事業者が、単独で導入地域の気運の醸成や合意形成を円滑に図ることは容易ではない。

　そこで北杜市は、小水力発電事業を展開している三峰川電力株式会社（丸紅株式会社100％出資）とのパートナーシップを図り、まず三峰川電力のもつ技術力・経営能力により事業性、採算性を確保した。そのうえで、この取組みを市の環境施策に位置づけ、地域住民の理解の促進、河川法に

用水路取水口

発電所内部

発電所外観

北杜市村山六ヶ村堰水力発電所施設（愛称：クリーンでんでん）

※当該施設は、2006年度NEDO中小水力事業を活用して北杜市が単独で導入した。

(出所：山梨県北杜市ホームページ)

図表2－1－1　北杜市が開発した4つの小水力発電所

発電所名称	出力	運営者	運転開始
北杜市村山六ヶ村堰水力発電所	320kW	北杜市	2007年4月
北杜西沢発電所	220kW	三峰川電力	2012年4月
北杜川小石発電所	230kW	三峰川電力	2012年4月
北杜蔵原発電所	200kW	三峰川電力	2012年4月

基づく許認可の取得などを全面的にサポートすることで、民間事業者と地域住民双方の課題を克服し、2010〜2011年度の2年間で一挙に3つの発電所を導入することに成功したのである。

（5）小水力という再生可能エネルギーの選択

　小水力発電は、安全面、効率面ですでに高度に確立された技術を使うため、未利用だった中小河川や農業用水路を有効に活用できる。また、流れをそのまま利用する「流れ込み式中小水力発電所」は、自然の地形をそのまま利用するため大規模なダムが不要となり、総合的な環境保全にも結びつくなど、発電時にCO_2を排出しない代表的なクリーンエネルギーである。

　設置に際しては、地域密着ゆえに複雑な権利関係の調整や資金調達など、さまざまな課題が発生することも確かだが、だからこそ行政の出番なのだとも言えよう。

　また、事業として継続していくためには"ビジネス"の視点が不可欠である。今回紹介した山梨県の都留市、北杜市の例では、発電という事業に市民が参画できる機会を設け、地域密着で推進しており、さらに、市民の理解を促進するために、再生可能エネルギー全般に関する情報発信も常に行っている。

　特に北杜市では、民間活力を導入し、売電による市の歳入への貢献という形で、小水力発電行政をビジネスベースに乗せている。他方で、将来は小水力発電で得た電力を積極的に活用して、新たな事業を立ち上げることも視野に入れている。このように、小水力発電は、発電で得たエネルギーを2次的に利用する段階に入りつつある。

　人々の暮らしに最も身近な再生可能エネルギーである水力を利用した小水力発電事業は、暮らしに身近であるがゆえにさまざまな意味で真に再生可能なエネルギー事業であること、すなわち、ゴーイング・コンサーンであることが求められるのではないかと思う。

第2章　エコシティで地域を活性化する　*71*

2　「千産千消」の小水力発電でまちおこし
——千葉県大多喜町

（1）古くて新しい小水力の利用

①電力の地産地消（千産千消）

　水資源が豊富なわが国では、古来より河川などの水流をエネルギー源として活用してきた。今では観光用にしか見られなくなった「村の水車小屋」は、脱穀のエネルギー源でもあった。

　この水流のエネルギーを利用した小規模な発電（小水力発電）が、ほんの数十年前まで全国で見られた。こうした小水力利用の電源開発は、明治時代の1890年頃に始まり、1951年の9電力設立頃まで続けられていた。戦前より全国には電燈会社（発電会社）が乱立しており、各地域内に配電をしていたが、この発電会社の電線が引かれていなかった農山村はその恩恵に浴することができなかった。そのため、各町村や農協、地元有力者による地域の水資源を利用しての小水力発電事業が行われていた。現在では、それらは9電力に引き継がれたものもあるが、大部分は非効率性などから閉鎖されてしまった。

　まさに電力の地産地消（千葉県では、「千産千消」）であり、地域密着型エネルギーとして当時の日本の農山村の暮らしや地場産業を支えていたのである。千葉県夷隅郡大多喜町も、そのような地域の1つであった。

②小水力発電の見直し

　ところで、近年この小水力発電が見直され、再び導入しようという機運が高まってきた。地球温暖化対策としての自然エネルギーへの見直しが強く求められる中、2011年3月に発生した東日本大震災による東京電力福島第一原子力発電所の事故を受け、再生可能エネルギーに関心が集まったのである。それらの背景に加え、2012年7月に再生可能エネルギー固定価格買取制度（FIT）が開始された影響が非常に大きい。もとより、水力発電は単位当たりの温室効果ガスの排出量が少なく、年間、昼夜を問わず安定した発電が可能で運転コストが低いなどの利点から、「エネルギー基本計画」ではベースロード電源として位置づけられている。

　大型ダムを建設し、長大な送電線網を設置しなければならない従来の大規模集中型電力供給システムには課題が多い。これに比較し、小水力発電は供給者と需要者が近接しており、送電の投資や送電ロスがほとんどなく、需要者の事情に合わせた対応が可能であるので効率が良い利点がある。ただ、中小型発電設備の1kW当たりの発電単価は、やや割高である点は否めない。今後のさらなる技術開発が望まれる。

(2) 小さな町が挑む大きなプロジェクト
①豊富な水資源の活用

　「城と渓谷の町」千葉県夷隅郡大多喜町は、千葉県の町村で最も広大な面積を有し、森林が総面積の70％を占める緑に包まれた町である。町内を流れる養老川上流の面白(おもじろ)地区に自治体としては県内初の試みとして、小水力発電所「面白 峡(おもじろきょう)

面白峡発電所全景

第2章　エコシティで地域を活性化する　73

発電所の建屋

発電所」が、2014年1月に完成し、現在稼働中である。

　この場所は、もともと帝国電燈株式会社（後の東京電力株式会社）が保有していた旧老川(おいかわ)発電所の跡地である。旧発電所は1923年に起工し、1960年まで稼働していたが、発電効率が悪いことから、取り壊された。土地の所有は大多喜町である。その旧施設を取水口から約2kmのトンネルなどを再利用することにより、約50年ぶりに復活させたわけである。養老渓谷の渓流の上流で取水され崖の上の貯水槽に貯められた水が、長さ96mの水圧管路を通って谷底の発電所に流れ込む仕組みである。この高低差は、約45mにもなる。発電後の水は養老川に戻すことになるので、環境面の影響はない。この小水力発電の事業概要は、図表2－2－1の通りである。

図表2－2－1　面白峡発電所の事業概要

河川名	養老川（二級河川）
発電場所	千葉県夷隅郡大多喜町面白地先
取水口	千葉県夷隅郡大多喜町粟又地先
発電方式	水路式流入方式
最大出力	130kW
導水路	総延長2,153m
水車型式	NED-M水車
有効落差	43.5m
発電電圧	三相400V
水圧管路	直径500mm（鋼管）
送電開始	2014年度
発電機形式	永久磁石埋込型同期発電機

②小水力発電の助っ人現る

　大多喜町の隣の市原市で、小水力発電に情熱を傾け実験に明け暮れていた男がいた。その人の名は、株式会社新工法開発研究所代表取締役社長の川本正男氏である。川本氏は、従来の小水力発電は効率が悪く、水流エネルギーの40％以下しか電力に変換できなかったのを改良するため水車の羽を増加させて水流をしっかりとらえる実験をし、結果70％まで改善させることに成功した。

　この成果を実現すべく小水力発電に適した地区である大多喜町に持ち込んだのは、東日本大震災の直前であったが、折りしも東日本大震災の発生もあり、行政機関としても地球温暖化対策や防災・災害時対応などに関心が高まった時でもあって、小水力発電所設置について、議会をはじめ特に大きな反対もなく賛同を得ることとなった。大多喜町が、この自然エネルギーを活用した小水力発電施設を建設する目的は、「地球温暖化対策」、「資源の有効活用」、「災害時非常用電源の確保」、「売電による財政負担の補完」、「観光資源としての活用」である。そして、それらの目的を達成することにより地域全体の活性化につなげるのが最大の目的である。

　このような取組みが評価され、千葉県より2012年、新エネルギー活用推進プロジェクトの重点支援プロジェクトにも選定された。

（3）町の財政負担の軽減

①当初計画

　当初の大多喜町の計画では、総工費１億6,400万円で、施設は10年間のリースとした。本格稼働後に再生可能エネルギー固定価格買取制度（FIT）により、発電した電力を東京電力に売電すれば年間2,200万円の収入を見込めるとし、当初はリース料負担などで収入はほとんど見込めないものの、リース期間終了後は、維持費用などを差し引き、年間1,600万円程度の収入を得ることができるとの見通しであった。

しかしながら、養老川（二級河川）は、季節により流量の変化が大きいため、最大出力130kW/時は確保できるものの常時出力35kW/時には届かないこともあると判明し、発電効率が計画値より若干下回ってしまった。これは売電の収入にも影響することになる。

②実際の動き

　そこで、当初のリース利用方式を改め、民間の発電事業者との共同事業とすることにした。現在は、発電事業も手掛ける総合設備会社である株式会社関電工（本社：東京都港区）と契約を締結し建物・設備等を関電工が負担して、売電した収入の10％程度を大多喜町が受け取るというスキームに変更している。土地は、大多喜町の所有のままである。施設の設計・施工業者には、株式会社新工法開発研究所が選ばれた。これにより、当初の期待値よりは後退するが、大多喜町としては、支出負担が少なく、安定した収入の確保が可能となった。

　また、それによっても、「地域の活性化に寄与する」という当初の大目的が達成されることに何ら変わりはない。

（4）災害時の町内の非常用電源の確保

　東日本大震災時に電気、水道、ガスなどの社会的インフラが大打撃を受けて住民生活に大きな支障が発生したことは記憶に新しい。この対策のために、地域の電源としての小水力発電施設の有用性が認められる。

　万一、何らかの大災害が発生し、東京電力からの送電が途絶えた場合は、売電のために東京電力の送電線に接続している送電回線は遮断して、町が新規に設置する独自の配電に切り替えることによ

水車の点検

り町内の電力が確保される仕組みである。

　ただし、供給発電量は一般家庭の130世帯分程度であるため、大多喜町全域約4,000世帯への配電は不可能である。そこで、重点的な配電が望まれることになる。現在、この小水力発電所がある養老渓谷内に大多喜町の浄水場施設があり、養老川から取水して町内に水道水を供給している。ここへの配電が計画されており、非常時でも浄水場が停止することなく、水道水の供給が確保されることとなる。

　このように、大災害時においても水道と最低限の電力が確保されれば、住民の安心、安全に大きく貢献できる。

（5）観光資源としての活用
①新たな観光スポットとしての期待

　大多喜町の養老渓谷は、千葉県有数の観光地でもある。毎年、首都圏内外から約7万人の観光客が養老渓谷を訪れている（大多喜町観光課調べ）。ハイキングやゴルフ、そして房総の奥座敷である養老渓谷温泉郷などと楽しみは多い。特に100mにわたって滑り台のようなゆるやかな岩肌

大多喜町の観光スポット
（左：遊歩道／上：粟又の滝）

を流れ落ちる房総一を誇る名瀑布である「粟又の滝」やここを起点にした1.7kmの滝めぐり遊歩道などは、新緑や紅葉など四季折々に風情を感じさせる名所でもあり、毎年、多くの観光客が訪れている。

面白峡小水力発電所はここよりやや下流に位置しており、現在は遊歩道は伸びていないが、計画では、発電所前に小公園を整備し、滝めぐり遊歩道を延伸することとなっている。これにより、小水力発電所と小公園の一体的エリアがビジターセンターとしての機能を有し、新たな観光スポットになるものと期待される。

②**教育的施設としての期待**

小水力発電所を見学することにより、発電の仕組みや機械的機能を理解することは当然ではあるが、さらに一歩進めて、水という資源について、普段何も感じず使っているエネルギーについて、何もしなければ破壊されそうな自然環境について、さらには地球温暖化について、特に小中学生が学習をする場を提供することが期待されている。すでに町内や近隣の小学校、中学校で社会学習として検討されているようである。

面白峡発電所には、新設した導水管と並行して錆びて赤茶けた旧発電所の導水管がモニュメントとして残されている。これを見るにつけ、改めて小水力発電が地域に密着して地域を支えてきた歴史を実感することになるであろう。

これは、小中学生だけではなく大人においても、温泉につかり、滝を見学し、遊歩道で自然の息吹を感じた後、この小水力発電所前の小公園で、自然環境の大切さを再認識し、豊富な水資源の活用、水力の大きさなどに思いをはせていただきたいものである。

（6）**小水力発電の今後**

①**大多喜町の成功要因**

面白峡の小水力発電所は、多くの関係者の尽力により約50年ぶりに復活

し、今や新たな使命を担い本格稼働している。この発電事業を成功に導いた主な要因は、次のようなものである。

水車

・調査の結果、かつて存在していた水力発電所の復興可能性が高く、これを利用することで、まったくの新規設置よりも大幅な初期投資の軽減が図られ、一定の収益性が確保されたこと
・小水力発電所の建設と運営に関して豊富な実績をもつ民間の発電事業者との共同事業とすることで、行政機関としてのリスクヘッジと安定的な収益が保証されたこと
・東日本大震災の直後で防災や災害時対策などの機運が高まっており、町議会をはじめ町民の賛同が得られたこと。また、行政としても具体的な災害対策が求められていたこと
・地方自治体自体が水力発電の事業主体となることで、複雑な利水権や合意形成などの問題が解決されたこと
・地元の事情に詳しい小水力発電の設計施工専門事業者が近隣に存在し、特に技術面での全面的協力が得られたこと

このような環境要因が、大多喜町の小水力発電事業を成功に導いたのである。

②小水力発電の可能性

小水力発電の明確な定義はないが、一般的には出力1,000kW以下の水力発電を指しているようである。NEDO（新エネルギー・産業技術開発機構）では、出力100kW以下をさらにマイクロ水力と分類している。

これらの小水力発電の利用水系はダムの維持放流水や農業用水、水道用

第2章 エコシティで地域を活性化する　79

水、中小河川の落差などさまざまであり、その運営主体も地方自治体、一般社団法人、NPO法人、農業協同組合、一般企業など実に多様である。

　これらに共通するのは、小規模性と地域性である。現段階では全地域の電力需要を満たすことは困難ではあるが、FITによる売電を前提としつつ、地域の諸事情やニーズに対応した多様な取組みが考えられる。地区内の電力補完、災害時対応、電気自動車の給電スタンド、発電所をシンボルとした観光開発などが一例である。さらには、それらを活用した地域全体の活性化が大きな目的となる。今後の国の政策的な後押しにも期待したい。

　ここに紹介した大多喜町の事例のように、旧来の小水力発電所跡地は全国に多数残されている。その復活と再活用による電力の地産地消、電力の自治を通して、地域の活性化に貢献できるものと思われる。小水力発電をはじめとした多様な再生可能エネルギーの利用がまちおこしの起爆剤となることが改めて予感される。

<table>
<tr><td>**3**</td><td>## 照明装置の最適設計がエコと省エネに寄与
──神奈川県横浜市</td></tr>
</table>

（1）背景と社会動向

① COP21について

　2015年の年末に開催されたCOP21で、2020年以降の地球温暖化防止対策に196ヵ国・地域が参加する「パリ協定」が採択された。各国は温暖化ガスの削減目標を提出する義務を負い、5年ごとに削減量を集計し、世界全体の対策進捗状況を検証していくことが合意された。これにより国内対策の加速が必要となり、高いハードルである目標達成には省エネのさらなる推進と電源構成の見直しが必須となった。まさにスピードが問われている。

②迅速な法令改正の必要性

　地球温暖化対策の迅速化には、オフィスビルの空調、換気、照明等の省エネだけでなく、産業部門（工場等生産現場）の省エネが、緊急の課題となる。特にここでは、後者に着目する。一方、地球温暖化対策推進や省エネの目的で、さまざまな再生可能エネルギー発電設備が実システムとして稼働している。

　これらの発電設備を迅速に普及させるためには、これを支える法令の改正も迅速になされる必要がある。具体的には、電気設備技術基準、電気事業法、労働安全衛生法の改正等の法制整備面でのフォローアップを着実に実施しないと、普及の速度に致命的な悪影響を与える。

③電力系統制御の重要性

　既存電気事業者（電力会社等）の送配電系統と、散在する小規模な再生可能エネルギー発電装置とが形成する電気系統全体の電気の流れや電気設備の保護に関する高度な制御技術が必要となり、環境性改善のみを追求しすぎて、手前勝手にシステムを乱立させるわけにはいかない。バランスの

第2章　エコシティで地域を活性化する　**81**

とれた対策に、官民一体で迅速に取り組んでいくことが肝要である。

④省エネと環境性（快適性）との両立

　地球温暖化ガス（CO_2など）発生防止とクリーンエネルギー創出のため、再生可能エネルギーは確かに有効な解決策である。しかし、エネルギーの浪費を防止する対策も並行して実施しないと十分ではない。

　また、長期間にわたり生産設備を継続使用するためには、環境性（快適性）や安全性にも十分配慮した基本設計を行う必要がある。

⑤横浜市中小製造業の実態

　横浜市経済観光局発行の実態調査報告書（2011年3月発行）によると、横浜市の中小製造業の特徴として、下記の点が指摘される。

　　・従業員10人未満の小規模な会社が多い。

　　・所在地は北部に集中している（港北区が20％以上、都筑区が16％以上）。

　また、中小製造事業者が横浜市に期待する支援策としては、運転資金への融資が32％、設備投資に関する支援が22％、販路開拓に関する支援が16％である。

⑥横浜市中小製造業節電対策助成制度

　横浜市温暖化対策統括本部からの報告によると、2012年度の実績としてものづくりを担う中小製造事業者が実施する節電対策のための設備投資に対して必要経費の助成を行った。限度額は10百万円、助成割合は設備投資の50％であった。申請における要件は、以下の通りである。

　　・対象設備の2分の1以上を更新すること

　　・対象設備において10％以上の節電効果があること

　　・全体でCO_2削減効果があること

⑦東日本大震災後の横浜市内中小製造業における節電への取組み

　2011年8月の横浜市経済局からの報告書によると、照明器具の節電が85％、空調設備の設定温度の変更が84％、電力会社との契約電力の見直しが22％となっている。助成金制度や優遇税制の仕組みを活用して、LED

等節電型照明への更新、新型の生産機械への入れ替えによる消費電力の抑制といった設備投資を伴う節電は、特に従業員30〜99人規模の中小企業において採用される割合が多くなってきている。

以上のことを踏まえ、一方的に余剰エネルギーの削減量だけを追求するのではなく、省エネと環境性、安全性との調和をとりながら推進する、いわば「環境に優しい省エネ」の実施例について、逐次解説していきたい。

ここでは、横浜市在住企業の活性化や再生化の観点に立ち、省エネと照明設備に的を絞って記述する。

（2）中小企業を対象にした省エネ対策基本方針

中小企業において省エネ対策で考慮すべき必須な項目は、電気エネルギー分析と熱エネルギー分析および余剰エネルギーの削減に集約されるが、省エネは省キャッシュフローに直結する。余裕資金を運転資金や設備投資資金に充当するのが、この活動の最終目的である。

①電気料金体系

電気料金は、基本料金と使用電力量料金の2要素で構成される。

基本料金はまず、契約電力で決定される。特に高圧電力契約需要家の契約電力は、当月を含む過去1年間の各月デマンド（30分間平均電力）の最大値で規定される。30分間だけのデマンド値がたまたま突出すると、以降の11ヵ月分にわたり、需要家の意思と無関係に決定され、不本意にも余分に基本料金を支払うことになる。中小企業にとっては痛手である。

デマンド値自体を定常的に削減するには、設備更新や建屋改造が必要となり、中小企業にとっては費用負担が大きい。一般的にはデマンド管理装置を導入してピーク電力をシフトし、デマンド値を抑制している例が多い。

その他の受電契約としては、低圧電力契約、特別高圧電力契約などがあるが、「契約電力を下げれば基本料金は安くなる」原則は同一である。

第2章　エコシティで地域を活性化する　**83**

さらに、基本料金は「料金単価×契約電力×(185-力率)／100」で算定されており、低コストで進相用電力コンデンサを設置できれば、力率（有効電力／皮相電力）の改善対策により基本料金割引が期待できる。中小企業では、力率改善の重要性は意外と知られていない。最大限利用すべきである。

②使用電力量自体の削減

　使用電力量を削減するには、インバータ可変速装置導入などの対策が必要なため、設備投資費用が発生し、中小企業では実現困難なケースが多い。

（3）照明装置用電力の位置づけ

①電力消費割合

　中小企業の工場・倉庫での全費用における電力消費割合は、小規模なほど高く、電力削減は経営上重要な課題となっている。照明装置は、一般建築物だけでなく工場・倉庫などでも使用されているが、照明用電気料金が全体費用に占める割合は、倉庫の場合には相当高い。

②作業安全や作業能率

　作業安全や作業能率の面で、必要照度確保用電力は必須であり、これを

図表2-3-1　屋内作業における基本的照明要件

領域、作業または活動の種類	推奨照度（lx）
作業のために連続的に使用しない箇所	150
粗な視作業、継続的に作業する部屋	200
やや粗な視作業	300
普通の視作業	500
やや緻密な視作業	750
緻密な視作業	1000
非常に緻密な視作業	1500

出所：JISZ9110：2010から引用

削減の対象とすべきではない（図表2-3-1に示す推奨照度は、いずれも労働安全規則、JIS基準照度に基づき、直射水平面照度により規定している）。

（4）省エネとエコ（快適性）を両立する照明装置設計
①照明装置設計の基本的な考え方

照明装置設計においては、次の算式により照明使用電力量と照明器具の設置台数を求めたうえで効率的な設計を考える。

照明使用電力量 ＝ 1台当たり消費電力 × 点灯時間 × 照明器具台数

$$
照明器具台数 = \frac{照度（lx）× 面積（m^2）}{器具1台当たり光束（lm）× 照明率 × 保守率}
$$

照明設備の設計にあたっては、高効率照明器具の採用や照明率・保守率の検討、照明制御システム導入、適正照度、設置場所や設置数の見直しなど合理的な検討により、総合的な電力削減（契約電力、使用電力量）が可能となり、最終的には地球温暖化防止にも寄与することができる。

②各種照明器具の問題点

各種照明器具には、以下のような問題点がある。

●水銀灯

水銀に関する水俣条約により、2020年以降は含有する水銀量が制限され、新規製品の製造ができなくなり、保守用交換ランプの入手も困難になると予想される。

● LED

省エネルギーの観点だけからみると、現状ではLEDが最有力であるといわれているが、健康上の問題も指摘されている。

LEDは指向性が強く、スポット照明などの局部照明には高効率で高い照度が得られる長所を有するが、全般照明としては、目にはまぶしすぎて、作業周辺に影（明暗差）ができやすいという短所をもつ。人間は、高

第2章　エコシティで地域を活性化する　**85**

い指向性の光に対しては、自衛のため瞳（目の絞り）を閉じてしまい、同一の照度でも対象物が暗く見えるといわれている。さらには、青色LEDは目の健康に悪いという極端な学説もメディアで取り扱われることがある。

③快適性（環境性）と省エネを両立する照明装置設計

快適性（環境性）と省エネを両立する照明装置設計が強く求められている。特に経営的に厳しい中小企業では、喫緊の課題となってきた。

（5）光の指向性と拡散性を考慮した照明の最適設計

①全般照明と局部照明

全般照明と局部照明（タスク＆アンビエント照明）の用途別設計が必要とされる。

②指向性光源ランプと拡散性光源ランプの特徴と使い分け

指向性光源ランプには、LEDなどがあり、拡散性光源ランプには、無電極ランプ（LVD等）、蛍光灯、水銀灯などがある。それぞれの長所を活かし、環境に応じた使い分けが必要である。また、拡散性素材（例：発泡性樹脂）との併用による機能強化も効果大である。

拡散性の光については、一般的に、下記の長所が指摘されている。

・広がりのある柔らかい光のため、まぶしく感じにくい。

・影が出にくいので、安全な作業が可能である。

・明暗のムラがない光のため、目が疲れにくい。

・同じ照度でも明るく感じる。

・複数の照明設備がある場合、光が相互に干渉して高い照度になる。

つまり、指向性の強い光に対し、拡散性を有する光は、目に優しく、環境にも優しい。しかし、遠方まで光が届かず高い照度を得にくいという短所も有する。また、各種光源ランプと光学的部品（反射板、レンズ、透光材カバー、シェード傘）等との組合せによる機能の相互補完も設計上重要

図表2-3-2　拡散性と指向性のバランスをとった使い分け

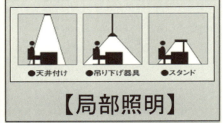

である。

　図表2-3-2に、光の拡散性と指向性に関するバランス設計の概念を示す。

③照明装置の機能比較

　現時点では、水銀灯、蛍光灯、LEDが普及している。無電極ランプ（LVD等）も電極フィラメントがないため長寿命であり、従来から目に優しい光源といわれ、照明装置市場では根強い人気を保っている（図表2-3-3）。

　局部照明では指向性の強いLEDの強みを活かしつつ、全般照明には無電極ランプ（LVD等）を併用するなど、適材適所の観点が求められる。

（6）エコと省エネの費用対効果

　図表2-3-4に、水銀灯700W×16灯を拡散シェード付き無電極ランプ

図表2－3－3　照明装置の機能比較表

	消費電力	全光束	可視光束	拡散性	まぶしさ	寿命
水銀灯	×	△	○	△	△	×
高天井用LEDランプ	◎	◎	△	×	△	○
無電極ランプ	○	○	○	◎	◎	◎

	演色性	誘虫指数	瞬時点灯	重量	発熱	価格
水銀灯	×	×	×	○	×	◎
高天井用LEDランプ	△	○	○	△	◎	○
無電極ランプ	◎	○	◎	○	○	○

◎高機能、○普通、△やや劣る、×劣る

（LVD200W）×16灯に変えた場合の設備投資の費用対効果の実績を紹介する。また、現場においては、写真に示すような効果が出ている。

（7）これからの展望

　地球温暖化対策迅速化のため、省エネ対策の推進はますます重要性を増す課題である。そのなかでも、産業部門の省エネは実現すれば効果も大きい。特に照明装置が関係する省エネ課題も多く、早期に解決していく必要がある。たとえば、水銀灯の代替え品として「無電極ランプ＋拡散型シェード」、蛍光灯の代替え品として「LED＋拡散型シェード」などの早期適用が考えられる。

　今後の空間照明設備には、快適性、安全性と省エネの両立が強く求められている。さらに、長寿命、信頼性も望ましい要素といえる。結論的には、これらの点が設備設計・構築上のポイントとなる。快適性を確保しながら、省エネ効果も追求したエネルギー効率の良い最適な組合せの照明装置の提供により、中小企業にも導入が可能なシステムが実現できる。

　今後は、環境性や快適性を考慮しながら、省エネルギー対策を展開していくことが、国内だけでなく国際的にも重要な課題となる。

図表2－3－4　費用対効果

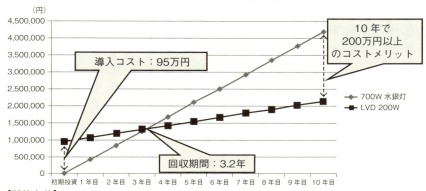

【計算条件】
電力単価 16.5 円、工事料金 9,500 円/灯、点灯時間 9 時間/日、可動日数 21 日/月

更新前　　　　　　　　　　　更新後

4	# 遊休地を活用した太陽光発電 ——香川県丸亀市

（1）降水量が少なく、日照時間の長い香川県

　香川県は、四国の瀬戸内海に面する日本一面積の狭い県である。気候は温暖で降水量が少なく、日照時間は2,054時間で全国11位と長い。さらに、台風などの自然災害も少ないことから、太陽光発電に適している。地球温暖化対策に効果的として、行政の後押しもあり、産業用（非住宅用）も含めた太陽光発電が着実に増えてきている。

　全国的に普及率の高い住宅用太陽光発電システム（普及率全国16位）の導入をさらに促進させるとともに、企業や団体への普及を促すため、香川県は国の補助制度などを活用しつつ、新設された建物や教育関連施設、浄水場などへ太陽光発電を導入している。

　本事例の舞台となる丸亀市は、そんな香川県の海岸線側ほぼ中央部に位置し、北は風光明媚な瀬戸内海、南は讃岐山脈に連なる山々を望み、陸地部は讃岐平野の一部で平坦な田園地帯が広がる。人口約11万人を擁する香川県第2位の市である。

（2）新規事業として、太陽光発電事業参入を決断

　香川県内の大手製造工場4ヵ所内で、森崎食堂を30年にわたって経営している森崎食堂代表・森崎英夫氏（59歳）は、耕作予定のない約500坪の土地を、居住地に近い丸亀市今津町に所有していた。

　かつて、この土地では実父が趣味でひょうたんを育成していたが、実父が介護を必要とされるようになってからは、固定資産税を負担するだけの遊休地となっていた。

　雑草を除く手入れも大変で、そのままにしておくのではもったいないうえに、周囲の人に迷惑をかける。また、本業の給食事業が伸び悩む中、遊休地

の有効活用策を真剣に模索してきた。その結果、再生可能エネルギーとして脚光を浴びている太陽光発電による売電事業に参入することにした。自身の年齢を考えると、本業を続けていくことは厳しいが、売電事業なら高年齢になっても対応できるからだ。

また、装置産業なので本業のように従業員を雇用する必要もない。しかも、周囲にマンションなどの高層建物が立つなど、環境に大きな変化がない限り、20年間安定した固定収入が見込める。パネルを設置することで、近隣に迷惑をかける雑草の除草対策にもなると思った。

森崎英夫氏

（3）新規事業成功への課題

2012年7月からスタートした太陽光発電の固定価格買取制度に関心を示し、数多くのメーカーから見積もりをとり、提案等を検討してきたが、20年間買取価格36円/kWh（税抜き）の条件を満たすには、2013年度内の工事完了が必須であった。時間は少ない。

そのため、スピード感と導入価格の両面から、株式会社サニックスの提案を採用することに決めた。2013年9月のことである。半年もない短期間で、多くの課題が山積する中、本業経営と実父の介護を続けながら、重要課題として以下の5点に精力的に取り組んだ。

①採算性

メーカー数社に見積もり作成を依頼し、慎重に比較検討した。森崎氏のこれまでの経営体験と数値能力の高さが役に立った。

49.728kWh×2＝99.456kWh、パネル数336枚の発電容量で、20年間の売

電収入は税込み80,500千円が見込まれ、初期工事費用、中間修繕費用等を差し引いて、20年間で38,800千円の粗利益が見込まれる。これなら、固定資産税や減価償却費を考慮しても、9年弱で初期投資の35,000千円は回収可能と思われた。満足はしなかったが、採算性はなんとか及第点にあると判断した。

②農地転用

農地法第5条第1項の規定による許可が必要であるが、細かく煩雑な手続きが多く、かつ、日程の余裕もないことから専門家である行政書士に手続きの代行を依頼した。

太陽光発電を本気で促進していくのなら、農地変更に規制緩和が必要である。農業推進地区や道のない農地等には設置できない規制があると、森崎氏は訴える。

③メーカー選定

メーカー数社の中から、実績、対応力、スピードの3点を重視し、前出のサニックス（パネル：SRM296P−72N）を選んだ。

④資金調達

本事例は産業用太陽光発電（10kWh以上）のため国等からの補助金はなく、日本政策金融公庫から32,500千円を長期良質な資金として借り入れることができた。

地元最大手の銀行は、現業の規模・実績と返済能力のみから判断しているようで融資に応じなかった。しかし、結果として国の資金を調達できたのは、森崎氏の熱意と真摯な経営姿勢を評価した日本政策金融公庫が国の施策を推し進める公的金融機関であったためである。これからの事業を重視する日本政策金融公庫と出会えて幸運だったといえる。

⑤設置後の経営戦略

前述のように、初期投資額は約35,000千円弱である。補助金の対象は住宅用太陽光発電システムのみで非住宅用は対象外だったため、融資を受け

太陽光パネル

て設備を揃えた。

　森崎氏が太陽光発電事業を開始した2014年2月には、固定価格買取制度における1kWh当たりの買取価格は36円（税抜き）であった。その後、2015年4月から29円（税抜き）に下がり、2015年7月以降、1kWh当たりの買取価格は27円（税抜き）となっている。決断が少し遅ければ、収益が大きく異なっていたであろう。

　大変だったのは、農地からの地目変更の手続きであった。農地から地目を変更するには、農地法により農地転用許可書または届出書が必要となる。前述の通り、煩雑なその手続きは行政書士に依頼した。

　ちなみに、2014年2月の稼働開始から1年間の大まかな売電収入は、5,100千円である。租税公課、減価償却費を差し引いて、年間約770千円の粗利益が出ている。

（4）太陽光発電事業を継続するために

　固定価格買取制度を活用するためのポイントは、20年間の導入コストと売電収入の2つを考え合わせることである。導入コストといっても、多くの付帯コストが発生するため、個別の適正コストを慎重に評価する必要がある。

田畑に囲まれたパネルの設置場所

　本事例のように、できるだけ多くのメーカーから見積もり、資料を取り寄せ、専門家の意見も取り入れながら、10年スパンで経営判断すべきである。
　森崎氏は、本業の将来性や経営者の年齢、内外の経営環境の変化など現在の事業環境の長所と短所を分析し、事業構造を変革していくために経営資源の棚卸しを行った。その結果行きついたのが、遅くとも10年以内には本業となる太陽光発電の売電事業である。
　"しないよりはした方がよい"という程度の利益ではあるが、"何もしなくても利益が生まれる"ため、太陽光発電をもっと拡大したいと森崎氏は抱負を述べた。
　2016年2月6日で満2年になった新規事業であるが、森崎氏が今、最も懸念していることは、周辺環境の変化である。現在は3面が田畑である設置場所の周囲が宅地化して家が建つと、結果として日照が妨げられてしまうためだ。そのため、曇りでも発電効率の高いパネルの導入も検討している。少し遠隔地になるが、家族所有の遊休地がある。その土地を太陽光発電で有効活用させるためのノウハウも森崎氏は実践的に体得してきた。
　もともと地元の高等専門学校で学んだ技術者でもある森崎氏なら、この貴重な体験・知識・経営ノウハウを活かして、太陽光発電コンサルタントとして、全国の中小企業等を支援できるであろうと期待している。

| 5 | # 里山を元気にするソーラーシェアリング
――千葉県市原市 |
|---|---|

（1）兼業農家の推進で里山を元気に

　ソーラーシェアリングとは、農地を活用した太陽光発電の仕組みであり、農業と太陽光発電の兼業を可能とするものである。

　農業は、国内の食糧需要に応えるという重要な役割を担っている。世界的な人口増加を背景として、国家にとって自国民に対する食糧供給は重要な戦略の柱となっている。また、国内には高品質の農作物を生産する技術があり、農地を農業以外の利用目的の土地に転用して農業を衰退に導くことは、憂慮すべきことである。

　太陽光発電と聞くと、広大な土地を利用して大型の太陽光発電パネルを大量に並べて発電する風景をイメージする方が多いと思う。ここでは、小規模な農地の活用を通じて、里山の経済活動で中心的な役割を担っている農業の活性化を促す「ソーラーシェアリング」について述べる。

（2）エネルギー源としての太陽光発電

　国内では、東日本大震災を契機として、再生可能エネルギーの1つである太陽光発電が脚光を浴びている。一方で、原子力発電も再生可能エネルギーと同様に二酸化炭素の排出がなく、地球温暖化を抑止し、環境保全につながるとされる。しかし、チェルノブイリ原子力発電所の事故、福島第一原子力発電所の事故にみられるように、原子力発電には放射性物質の拡散による人体への影響や自然破壊のリスクがある。

　コスト低下や発電効率の向上が、太陽光発電の普及拡大を促している。新エネルギー・産業技術総合開発機構（NEDO）によれば、現在の太陽光発電のコスト23円/kWhが2030年には7円/kWhとなり、太陽光発電パネルの運転年数が30年に延びる。また、モジュール変換効率（太陽光を電気エネル

第2章　エコシティで地域を活性化する　**95**

ギーに変換する効率)が現在の13～20%程度から2030年には25%以上に向上する。

(3) 本格的な実用化が進むソーラーシェアリング
①太陽光を農作物とシェア

　ソーラーシェアリングのパイオニアであり第一人者でもあるCHO技術研究所の長島彬氏は、千葉県市原市で実証実験を行っている。実証実験で得られた結果は、同氏の著書『日本を変える、世界を変える！ ソーラーシェアリングのすすめ』に詳細に紹介されている。

　ソーラーシェアリングは、従来の農地に支柱を立てて、人の背丈より高い位置に太陽光発電パネルを設置し、太陽光発電パネルの下で農作業を行うことを可能とするのである。従来は農地として2次元的に利用していた土地を3次元的に利用することで、農業と太陽光発電を両立させるのである。まさに、農業と太陽光発電とで太陽光をシェアしていることになる。

　ソーラーシェアリングでは、太陽光発電パネルを隙間なく並べるのではない。ある程度の隙間をもたせて設置することにより、太陽光発電パネルの下にある農作物も必要とする日光を得るのである。農作物の上に太陽光発電パネルを並べるので、一定量の日光を遮ることになるが、農作物に

CHO技術研究所による実証実験場

図表2－5－1　植物の光飽和点

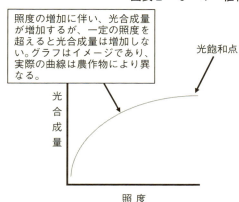

| 晴天の照度 | 100klx |

農作物	光飽和点
ミョウガ	20klx
レタス	25klx
ナス	40klx
イネ	45klx
トマト	70klx

照度の増加に伴い、光合成量が増加するが、一定の照度を超えると光合成量は増加しない。グラフはイメージであり、実際の曲線は農作物により異なる。

とって必要とする照度の日光は届くことになる。

　これには、科学的な裏づけがある。植物の光合成には、光飽和点がある。光合成量は、ある一定の照度に達するまでは、照度が高ければ高いほど増加するが、一定の照度以上になると増えないことがわかっている。光合成量が増加しなくなる照度を光飽和点という。光飽和点こそが、太陽光発電の導入と農業の継続の両立を可能とするソーラーシェアリングのポイントとなる。

　CHO技術研究所の実証実験の結果として、太陽光発電パネルの影が一定量ある状態でも農作物が十分に育成することがわかっている。日光には直進だけではなく反射光や拡散した光もあるため、太陽光発電パネルの下でも十分に明るい。また、一定量の太陽光の遮断がある方が農作物の育成状態が良いことも観察されている。

②小資本で導入できるソーラーシェアリング

　ソーラーシェアリングは細身で軽量なソーラーパネルを使用するので、基礎や架台を簡便化することが可能となり、大掛かりな工事を必要としない。そのため、初期の設備投資が抑制され、補修や撤去も容易になるな

**太陽光発電パネルを一定の
間隔をもたせて配置**

ど、導入者の負担が小さいので、太陽光発電事業に新規参入がしやすい。

ソーラーシェアリングを導入した農業者にとっては、太陽光発電パネルで発電した電気を売電することにより、新たな収入源を得ることができるので、事業の多角化となる。

国内の農業経営は厳しい環境にある。農業者の人口は減少傾向にあり、耕作放棄地は増大している。ソーラーシェアリングは、農業経営の多角化を実現して、このような事態から脱却する手段として注目を集めている。

③メガソーラー発電所が抱える課題

メガソーラー発電は、大容量の電力を供給することを可能とし、規模の経済による恩恵を得られるが、広大な土地を必要とする。日本の国土には山間部が多く、大量の大型太陽光発電パネルを設置する土地は限られる。代替手段として、大規模な建築物の屋上や水上を活用する事例もある。

また、大型の太陽光発電パネルを設置するには、それ相応の基礎工事と架台の設置が必要である。そのため、初期投資は大きくなるので、大規模な資本を有する企業体でなければ新規参入が困難である。

地上に設置する場合は、地面からさほど高くない位置に太陽光発電パネルを設置する。また、限られた土地を有効活用するために、太陽光発電パ

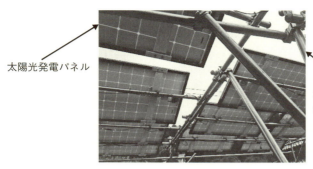

簡易な構造で導入しやすい
ソーラーシェアリング

ネルを所狭しと並べることになる。それが、機械や人手による土地の維持管理を困難にする。たとえば、雑草が群生したときは除草剤を使わざるをえないことが想定される。さらに、太陽光発電パネルの設置場所を確保することを目的にした開墾や水上利用には、自然に対する悪影響が懸念事項となる。

　一方、ソーラーシェアリングでは、新たに土地を確保する必要はない。また、人の背丈より高い位置に太陽光発電パネルを設置するため、機械や人手による土地の維持管理が容易となる。したがって、前述したような課題を克服することができる。まさに、人と自然との共存を可能とするクリーンな仕組みである。

④規制緩和が後押し

　2013年4月1日、農林水産省から「支柱を立てて営農を継続する太陽光発電設備等についての農地転用許可制度上の取扱いについて」のプレスリリースがあった。

　本プレスリリースの要旨には、「近年、支柱を立てて営農を継続するタイプの太陽光発電設備等が、新たに技術開発されて実用段階となっております。このようなケースについて、農地転用許可の対象となるか否かを明

第2章　エコシティで地域を活性化する　99

らかにする必要が生じていますので、取扱いについて取りまとめました」
とある。

　農地法の規定により、農地を農業以外の目的で利用することに対して規
制があるが、近年のソーラーシェアリングによる農地の活用が進む状況に
鑑み、規制緩和を行うものである。主たる対応内容は、次の通りとなって
いる。

　　・支柱の基礎部分について、一時転用許可の対象とする（許可期間は3
　　　年間で、問題がない場合には再許可可能）。
　　・一時転用許可にあたり、周辺の営農上支障がないか等をチェックす
　　　る。
　　・一時転用許可の条件として、年に1回の報告を義務づけ、農産物生産
　　　等に支障が生じていないかをチェックする。

　第1の目的は農業の継続と発展にあり、ソーラーシェアリングを導入し
た後も農業を継続することが求められる。ソーラーシェアリングで発電し
た電力は自家消費や農業の業務に利用し、余った電力を売電して農業に係
る経費の削減と副収入を得るのである。

（4）太陽光発電に必要な面積
①原子力発電を太陽光発電で代替えすることは可能か

　太陽光発電では、前述した通り、太陽光発電パネルを設置する場所の確
保が課題となる。

　太陽光発電パネルの発電量は、地域固有の天候や気象状況に依存する
が、一定条件のもとの発電能力を示す指標に、モジュール変換効率（太陽
光を電気エネルギーに変換する効率）がある。モジュール変換効率は、製
品によりばらつきがあり、2015年12月現在、国内の有名メーカーが一般家
庭向けに発売する太陽光発電パネルは、13〜20％程度である。

　単位面積当たりの太陽光発電パネルの発電能力を求めるには、次の式が

簡便である。

$$1 \, m^2 当たりの発電量＝モジュール変換効率×10$$

この式を用いて、国内メーカーのモジュール変換効率の中間値となる16％で計算すると、次の計算となる。

$$1 \, m^2 当たりの発電量＝16×10＝160W$$

この発電能力の太陽光発電パネルを用いて原子力発電1基分の発電を行うにはどの程度の面積が必要となるか、次に試算をしてみる。

中部電力によれば、原子力発電1基当たりの発電能力は100万kWで、設備利用率は80％前後とされている。一方、太陽光発電パネルの設備利用率は国内メーカーの平均的な値15％として計算する。

発電設備は、年間を通じて最大能力で発電しているわけではなく、諸条件により発電量が変化する。発電能力の実態として、どの程度の発電が可能なのかを考慮する必要がある。そこで、設備利用率を用いるのである。

原子力発電1基の実質的な発電能力は100万kW×80％で80万kWとなり、太陽光発電の1 m^2 当たりの発電量は160W×15％で24Wとなる。この値を用いて試算すると、原子力発電1基分の発電をするのに必要な面積は80万kW÷24Wで約33.3km^{2}となる。

資源エネルギー庁では、太陽光発電の1 m^2 当たり発電量を100Wとし、設備利用率を12％で試算している。この数字を用いて原子力発電1基分の発電をするのに必要な面積を求めると、約66.7km^{2}となる。この面積は、東京の山手線の内側に匹敵する。

太陽光発電パネルは、継続的な新技術の開発により日進月歩で発電能力が高まっているが、大容量の発電を行うには広大な面積が必要であることがわかる。

②農地を活用することで必要な面積を確保

ソーラーシェアリングでは、農地を活用して必要な面積を確保する。農林水産省の統計情報によれば、2015年の耕地面積は44,960km^{2}である。こ

**駐車場スペースを活用した
ソーラーシェアリング**

の土地でどの程度の発電が可能であろうか。

　CHO技術研究所の実証実験によれば、ソーラーシェアリングの１m²当たりの発電能力は48Wである。原子力発電１基当たりの発電能力100万kWを賄うには、およそ20km²程度の農地があればいい。この面積は、国内の耕地面積のわずか0.04％程度である。太陽光発電がエネルギーミックスで大きな役割を担うために必要な土地が十分に存在するのである。

　また、ソーラーシェアリングは３次元的に空間を活用するので、農地以外でも導入が可能である。たとえば、駐車場やビルの屋上に設置することができ、さらなる太陽光発電の普及拡大につながることが期待できる。

(5) ソーラーシェアリングへの期待
①農業復活の切り札

　農林水産省の統計情報によれば、国内の耕地面積は2015年まで一貫して減少している。また、農業就業人口が2010年の約261万人から2015年には約210万人に減少したことに相まって、１戸当たり経営耕地面積は増加傾向にあるものの、耕作放棄地が増加している。

　農業離れの一因は、国内の農業は儲かりにくいとされ、農業に対する魅

力が失われていることにある。農業者の所得を増やす手段として、6次産業化（第1次産業（農林水産業）から第2次産業（製造業・加工業）、第3次産業（小売業・サービス業）へと事業を多角化すること）の取組みが提唱されているが、成功事例は多くない。

　このような現実に照らし合わせると、農業者の所得を増やす手段として、ソーラーシェアリングによる事業の多角化に対する期待感が高まる。

②地域による分散型発電で里山を元気に

　太陽光発電は天気に左右されやすく、夜間は発電できないことがデメリットとして指摘されている。

　ソーラーシェアリングでは、小規模な農地を活用し、小規模な発電所を国内各地に多数設けることが基本思想となっている。天気は国内各地で一様ではないので、インターネットのように多数の拠点を蜘蛛の巣のごとく張り巡らすことで、天気に対するリスクを軽減させることが可能となる。また、実用化が進んでいる家庭向け蓄電池の活用により、日中の太陽光発電で充電して、夜間は蓄電池から必要な電気を賄うことも想定できる。

　都市圏に本社を置く大企業による大型投資の太陽光発電では、利益が都市圏に還元されることになる。一方、ソーラーシェアリングは、地域の資本が小規模な農業者でも導入が可能である。そのため、エネルギーの地産地消を実現すると同時に生み出された利益が地域に還元され、地域経済の発展にも寄与することになる。

第3章

スマートシティ化で
まちを創造する

1	世界に評価されインフラ輸出を図る
	——福岡県北九州市

　2014年、北九州スマートコミュニティ創造事業が、ISGAN AWARD 2014でアジア唯一の入賞（ファイナリスト）に選定された。ISGAN AWARDとは、国際エネルギー機関（IEA）のスマートグリッドに関する実行組織である国際スマートグリッド行動ネットワーク（International Smart Grid Action Network）が、世界の優れたスマートグリッドプロジェクトを表彰するものである。選定にあたっては、本事業における市民のスマートグリッドへの関わりが高く評価された。

　ここでは、家庭やオフィスなどの電力を使う側が、自ら地域で利用するエネルギーについて考え参加する仕組みの構築や、水素や工場排熱など、隣接する産業のエネルギーを地域で有効に活用すること、さらには実証の成果を国内およびアジアなどの海外へ展開するといった北九州スマートコミュニティ創造事業の特徴的な取組みを、スマートシティ化によるまちづくりの事例として取り上げる。

（1）公害克服の過程で築いた産・学・官・民の連携体制

　北九州市は九州の最北端に位置し、人口は約95万人（2015年9月時点）で、福岡市に次ぐ九州第2の都市である。九州の玄関口にあり、主要な国道や鉄道路線の起点となっている。また、関門海峡に面し、海上においても交通の要として位置づけられ、物流・港湾都市として発展した。本市は、1901年の官営八幡製鐵所の創業以来、重化学工業を中心に発展し、四大工業地帯の1つとして日本の近代化に大きく貢献してきた。

　しかし、産業の繁栄は地区の空や海に激しい公害をもたらした。1969年に日本ではじめてのスモッグ警報が発令されるなど、大気汚染が深刻化した。また、洞海湾は閉鎖的な水域であるため、工場からの未処理排水や市民の生

かつて死の海と呼ばれた洞海湾(2013年)
(出所:Wikipedia、著作権者:八幡鋼太郎)

活排水が滞留し「死の海」となった。

　こうした公害問題に対して、子どもたちの健康を心配した母親たちが声をあげ、市民運動が発足した。その後は、企業・大学・行政・市民が一体となって解決に取り組み、環境は急速に改善し、公害問題を克服していった。

　この経験をもとに、友好都市である中国・大連市で公害管理講座を開講するなど、積極的な環境国際協力を進めた。その結果として、1990年に国連環境計画(UNEP)より、日本の自治体としてはじめてグローバル500を受賞、また、1992年には国連環境開発会議(地球サミット)で国連地方自治体表彰を受賞するなど、環境改善と国際協力への取組みが国際的に評価された。

　その後も本市では、公害を克服した過程で培ってきたノウハウを活用し、持続可能な社会の実現や地域経済の活性化につなげるためのさまざまな取組みを行っている。北九州スマートコミュニティ創造事業もまた、産・学・官・民が連携をとりながら実施する大規模プロジェクトである。

(2) 需要家が参加するエネルギーマネジメント

　2010年に経済産業省は、政府の新成長戦略に位置づけられる日本型スマー

トグリッドの構築と海外展開を実現するための取組みとされている次世代エネルギー・社会システム実証事業の実証地域として国内4地域を選定した。その1つに選ばれた北九州市は、北九州スマートコミュニティ創造協議会を設立し、北九州スマートコミュニティ創造事業を実施した。

本事業は、北九州市の北部に位置する八幡東区東田地区で実施された。東田地区は八幡製鐵所第一高炉への火入れ以来、日本の近代化と経済発展を支えてきた。しかし、生産の効率化や生産設備の移転・集約に伴い、工業地帯は徐々に遊休地化していった。その後、1990年のテーマパーク（スペースワールド）の誘致を皮切りに、住宅やオフィス、商業施設、公共施設などが立地する新たなまちへ変貌していく。そして、2002年には八幡東田グリーンビレッジ構想を策定し、現在では技術と自然と人が融合する豊かなまちづくりを目指している。

実証事業は、2010年度から2014年度の5年間にわたって行われた。前述の通り、次世代エネルギー・社会システム実証事業の実証地域の1つに選定された北九州市は、新日鐵住金、日本アイ・ビー・エム、富士電機、安川電機、日鉄住金テックスエンジなど約50の企業とともに、北九州スマートコミュニティ創造協議会を設立し、実証事業を開始した。

本事業では、需要家（企業や家庭など）が積極的に地域のエネルギー利用を考え、参加するエネルギーマネジメントシステムを構築することを基本的な考え方とし、北九州市内で一般街区と比較して50%（2005年比）のCO_2排出量の削減と電力需要の15%のピークカットを目標とした。

地域節電所（CEMS；Community Energy Management System）と呼ぶマネジメント拠点を設置・運用し、地域内の全家庭やオフィス、工場に設置したスマートメータにより、電力の使用状況や各種再生可能エネルギーの発電状況などを「見える化」したうえで、宅内表示機を使って省エネやピークカットの要請を行った。また、HEMSやBEMSなどのエネルギーマネジメントシステムの活用、地域における電力需要のピークカット・ピークシフトを

行うための蓄電池や太陽光発電システムの設置など、需要家が積極的にエネルギーマネジメントに参加し取り組める体制を整備した。

（3）国内初の取組み、ピークカットを実現するダイナミックプライシング

北九州市の実証の中で最も特徴的な取組みとして、ダイナミックプライシングの導入が挙げられる。ダイナミックプライシングとは、需給状況に応じて価格を変動させ、供給側から需要調整を促すデマンドレスポンス（DR）と呼ばれる手法の1つである。需要が集中する季節や時間帯には料金を割高にして需要を抑制し、需要が減少する季節や時間帯には料金を割安にして需要を喚起するなど、飛行機の運賃やホテルの宿泊料金などで導入されている手法だが、電気料金への導入は国内初の取組みとなった。

電力会社は夏場の日中や冬場の夜など、需要の最も多い時間帯には燃料コストの高いピーク電源を利用したり、卸売市場で高い値が付いている電力を買ったりする必要がある。電力会社にとって、この部分にかかるコスト負担は非常に大きい。仮にピークの電力消費を定常的に減らすことができれば、会社の収益上大きなプラスになる。そうした重要な意味をもつピークの電力消費削減を、その時間の電力価格を高くすることによって実現するのがダイナミックプライシングだ。このダイナミックプライシングの導入において、地域のエネルギー流通を一元管理し、需給予測をしたり、料金変更の必要性を判断したりする"司令塔"の役割を果たすのが地域節電所（CEMS）ということになる。

家庭向けのダイナミックプライシングの実証には、東田地区の186世帯が参加した。2013年夏（6〜9月）には12世帯の家庭に向けて45回のダイナミックプライシングを発動し、約20％のピークカットの効果を確認した。一般家庭では、電気料金が安い朝早くに洗濯や家事をすませ、電気料金の高い昼間に外出するなど、節電に積極的に参加するきっかけとなった。

一方、事業所向けのダイナミックプライシングは、2013年夏に商業施設や

オフィスなど45事業所を対象に実施した。事業所向けの実証では発動日と通常日の比較による削減率で効果を検証した。その結果、事業所全体での削減効果は2.1％にとどまった。思うように効果が得られなかった理由を探るために北九州市が事業所に向けてアンケートを実施したところ、節電・省エネに対する意識は高まったものの、製造や接客など、通常の業務を優先せざるをえないという状況がみえてきた。

　そこで、北九州市は、高まった意識を活かし実際の行動に移してもらえるように、各事業者への直接のメール連絡や専門家による省エネ診断など、さまざまな取組みを行うことにした。その結果、取組みを行った企業に続々とピークカットや省エネを実現するところが出てきた。単なる「見える化」だけでなく、省エネを促すコミュニケーションを積極的にとることによって、事業所の行動を変えることに成功したのである。

（4）今後は水素エネルギーとの連携を強化

　東田地区では、本事業と並行して、水素タウンプロジェクトを行っている。実証地域の同地区では、新日鐵住金の製鉄の生産過程で副生水素が得られる。その副生水素をパイプラインを通じて街中に供給する。自動車用に水素を供給するための施設として北九州水素ステーションも開設している。

　工場の生産プロセスから発生する副生水素や工場の廃熱などを生活エネルギーとして地域で利用していこうというのが、北九州水素タウンプロジェクトである。

　本事業は、自動車メーカーやエネルギー関連企業が市や県と連携し、水素・燃料電池関連の技術開発を進める福岡水素エネルギー戦略会議と、大手石油会社やガス会社が参画する水素供給・利用技術研究組合が連携し、経済産業省の支援を受けて進められている。

　北九州スマートコミュニティ創造事業でも水素タウンプロジェクトと連携し、さまざまな実証を行っている。

災害時に避難場所となる公共施設周辺に、工場の副生水素ガス、蓄電池、PVなどを集約し、災害時を想定した燃料電池自動車から蓄電池への継ぎ足し給電の仕組みを実証。余剰電力を蓄エネルギーとして水素に変換して貯蔵し、地域のエネルギー需給バランスを調整する実証も行った。

東田地区の歴史や現在の立地状況からみても、産業リソースを生活地域で活用することは、とても重要であると考えられる。地域の産業で生まれた副生物を、同地域の生活エネルギーの一部として活用していくといった考えが、まさに「地産地消」である。

（5）インフラ輸出による海外事業への展開

北九州市では、北九州スマートコミュニティ創造事業の実証実験の成果を海外事業に活用する展開を進めている。本市では、経済産業省が募集したインフラ・システム輸出促進調査等委託事業（グローバル市場におけるスマートコミュニティ等の事業可能性調査）を受託した。インフラ・システム輸出の第一号を目指し、2012年よりインドネシアのスラバヤ工業団地に向けたインフラ輸出を行うためのフィジビリティスタディ調査を開始している。

スラバヤ市は、インドネシア共和国ジャワ島東部の東ジャワ州の州都で、人口は約300万人と首都ジャカルタに次ぐ第2の都市である。市の総面積の約8.5％を工業地区が占めている。市内南部に位置する工業団地はインドネシア最大級の重工業団地で、スラバヤ市、東ジャワ州、中央政府の3者で管理・運営されている。日系企業も数多く立地しており、日本人会や日本人学校もあり、多くの日本人が生活している。スラバヤ市と北九州市は、環境姉妹都市覚書を交わしている。

スラバヤ市の工業団地では、電力供給が不安定であるため、工場生産の安定に支障をきたしている。そこで、北九州市のスマートコミュニティ創造事業で構築した技術やノウハウを活用してコジェネプラントを立ち上げ、工業団地への入居企業に対し、熱（蒸気）・電力・省エネサービスを提供するな

図表３－１－１　スラバヤ市へのインフラ輸出概念図

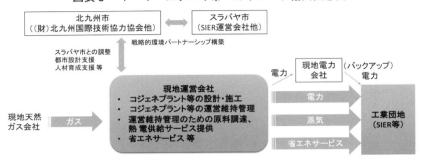

出所：「北九州市環境未来都市取組紹介」(https://www.city.kitakyushu.lg.jp/files/000117081.pdf）を参考に筆者作成

どの低炭素型エネルギー供給事業を行っている。さらに、その余剰電力を現地の電力会社へ販売し、工業団地への電力提供をバックアップしている。

本事業はコジェネレーションシステムによる電力供給と省エネサービスをセットにした新たなビジネスモデルとして、注目されている。

(6) スマートコミュニティをめぐるココスマツアー

NPO法人里山を考える会が運営するココスマツアーは、2012年9月にスタートし、国内外からこれまでに約500団体、6,000名が参加した。

2010年に北九州スマートコミュニティ創造事業が開始されてから、市外の行政や企業、海外からの視察や研修、マスコミによる取材など多くの人がこの八幡東区東田地区を訪れた。来訪者が増えたことで、見学や視察のスケジュール調整などをスムーズに運営するためのシステムが必要になってきた。その課題を解決するため、北九州スマートコミュニティ創造事業の関連企業や行政、東田立地企業、大学、そしてNPO法人が協働事業として取り組むガイドツアーを提案し、2012年、市民活動団体等のための環境未来都市推進支援事業として採択され、ココスマツアーが誕生した。ツアーの運営は、NPO法人里山を考える会が行っている。

ツアーでは、北九州スマートコミュニティ創造事業で生まれたまちやシステムだけではなく、環境共生のまちになった歴史やこれまで関わった人々が出してきた知恵やそのプロセス、つながりなどを含めて案内している。モデルコースは用意されているが、見たい場所、聞きたい話などを中心にツアーのコースを創っていく"オーダーメイド"である点が特徴となる。

ツアーの見どころとしては、東田地域の地域エネルギーマネジメントの要である地域節電所（CEMS）や実際に使用されているHEMSやBEMSを見学できることや、分散型電源や製鉄所から直接届く水素など、多種多様なエネルギーを見学できることなどがある。また、工場との共生により生まれるまちづくりを見て、実際に体験している人や事業に思いを込めて働いている人とふれあい、意見交換できる。

この"まち"の凄さは技術や施設だけでなく、さまざまなステークホルダーたちが想いをもってつくってきたところにある。ココスマッツアーは、この先もその"想い"を世界に向けて発信する役割を担っていく。

（7）高く評価される実証実験の成果

実証実験は2014年に終了し、2015年2月に東京で成果報告会が行われた。報告会では、ダイナミックプライシングの導入による平均20％のピークカット効果や業務部門・家庭部門合計で51.5％のCO_2削減を実現したことが確認され、この成果は学術的に精度の高い貴重なデータとみなされ、低炭素社会の手本となる試みとして注目された。

実証実験は終了したが、東田地区のまちづくりは決して終わらず、市民・企業・行政が積極的に参加してエネルギーをマネジメントするまちとして、これからも成長し世界に向けて発信する。

2 災害に強いスマートコミュニティを構築
——宮城県石巻市

（1）震災でわかった灯りと情報の大切さ

　石巻市は東日本大震災の最大の被災地である。市内の住宅の約4分の3が被害を受け、多くの住民は小・中学校や体育館などで避難所生活を送ることになった。現在、石巻市の復興政策部ICT総合推進室でスマートコミュニティを推進する末永英久氏は当時のことをこう語る。

　「震災当時は夜が本当に大変でした。避難所には電気がなく夜は月明かりだけ。若い人はそれを頼りにトイレに行くことができましたが、お年寄りはそれも難しい。余震が続く中、避難者の方々は大変不安な日々を過ごされていました」

　「通信手段がなく、市域全体の情報を正確に把握することは極めて難しい状況でした。応援に来ていただいた自衛隊の方々に対し、どこで、どのような救援をお願いするか正確に伝えることが難しく、実際に現場に到着して状況を把握してから判断することが多くありました。また、避難所で何が必要で、何が不足しているかは、1日ごとに変化していったため、救援物資を要請するのにも、何がどの程度必要なのか、情報を集約することに大変苦労しました」

　普段の生活の中で、当たり前のように利用している灯りと情報を確保して、住民が安心して暮らし、住みたいと思えるまちを再建する。石巻市の目指す「災害時にも灯りと情報が途切れない安全・安心なまち」はここから生まれた。

（2）市と企業が協力し、最先端のスマートコミュニティへ

　石巻市は、復興の基本的な考え方や施策の展開など今後10年間の復興に向けた道標となる石巻市震災復興基本計画を、震災から9ヵ月後の2011年12月

図表３－２－１　スマートコミュニティ推進事業の全体像

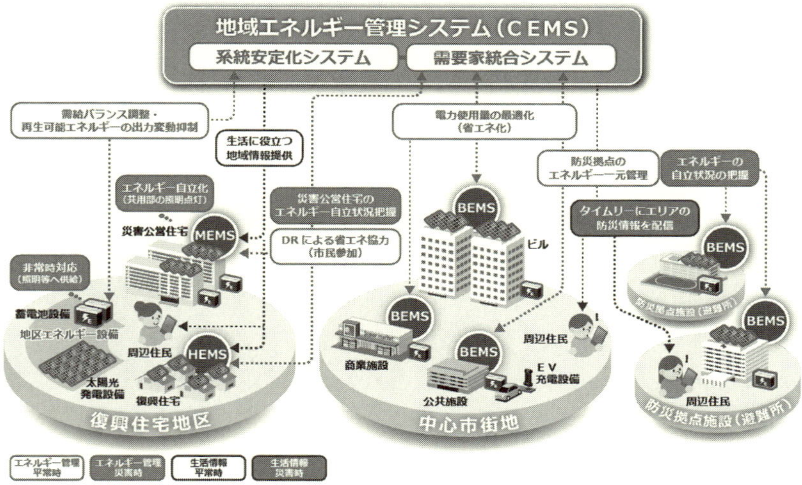

地域エネルギー管理システム（CEMS）
系統安定化システム　　需要家統合システム

需給バランス調整・再生可能エネルギーの出力変動抑制

生活に役立つ地域情報提供

電力使用量の最適化（省エネ化）

防災拠点のエネルギー一元管理

エネルギーの自立状況の把握

エネルギー自立化（共用部の照明点灯）

災害公営住宅のエネルギー自立状況把握

DRによる省エネ協力（市民参加）

タイムリーにエリアの防災情報を配信

非常時対応（照明等へ供給）

蓄電池設備

地区エネルギー設備

太陽光発電設備

災害公営住宅　MEMS

周辺住民　HEMS

復興住宅

復興住宅地区

商業施設

公共施設

ビル　BEMS

BEMS

BEMS

周辺住民

EV充電設備

中心市街地

防災拠点施設（避難所）　BEMS

周辺住民

防災拠点施設（避難所）

エネルギー管理平常時　エネルギー管理災害時　生活情報平常時　生活情報災害時

提供：石巻市

に策定した。これに沿って企業や大学、NPOと協議しながら、10の事業を選定し、市の事業として実現できるか検討を行った。選定された事業のうち、震災復興基本計画の重点プロジェクトとして取り上げられたのが、石巻市、株式会社東芝、東北電力株式会社の官民連携事業として実施しているスマートコミュニティの取組みである。

　この事業は、太陽光発電設備、蓄電池、エネルギー管理システム（CEMS、BEMS、MEMS、HEMS）を活用し、地域単位で上手なエネルギー利用を進めていくものである。各拠点にはエネルギー管理モニターを設置し、エネルギーの「見える化」を行っている。平常時からエネルギーの「見える化」を行うことで、普段何気なく利用しているエネルギーの情報を把握し、市全体で省エネ活動に取り組むことを目指している。

　さらに石巻市で特徴的なのは、災害時に灯りと情報が途切れない仕組みづくりである。有事の際に避難所となるような防災拠点（小・中学校、体育

第3章　スマートシティ化でまちを創造する　**115**

図表３－２－２　災害時にも灯りと情報が途切れない仕組み

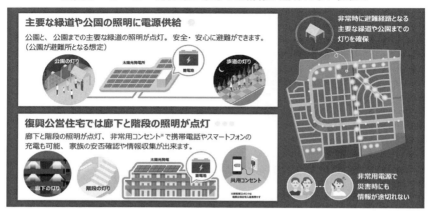

提供：石巻市

館、復興モデル地区）には、太陽光発電設備、蓄電池が整備されるため、電力会社からの電力供給が途絶した場合も問題なく電力を利用することができるようになる。防災拠点で発電した電力はエネルギー管理モニターで誰でも確認できるため、自分たちの施設にどの程度のエネルギーが蓄えられているのか常に把握することができる。

　このような仕組みを整備することで、市内全域の防災力の強化、環境活動の促進につなげていく方針である。

(3) 市内のエネルギーを把握できる「見える化モニター」

　石巻市役所本庁舎５階の市民サロンには休憩する椅子やジュースの自動販売機があり、市民の憩いの場として賑わっている。その入口に大きな液晶モニターがあり、日本国内のニュースや市内の情報が流れている。しばらく見ていると「石巻市 あ・か・り プロジェクト」というタイトルで、市内小・中学校などの防災拠点の「現在の太陽光発電電力」、「現在の蓄電池充電率」、「本日の使用電力量」、「本日のCO_2排出量」などが表示された。現在の

図表3－2－3　エネルギー管理モニターの内容

提供：石巻市

　蓄電池充電率は98.7％、すべての拠点が正常値の緑で笑っているマークが安心感を与える。休憩している多くの市民がモニターを眺めていた。

　各防災拠点は電力を発電し蓄電するだけでなく、施設利用者や児童・生徒、その保護者など幅広い人々がエネルギー情報を確認できる。現在は16の防災拠点に設置され、2016年までにさらに18の防災拠点が整備される予定である。

　末永氏は、「小・中学校の昇降口に見える化モニターが設置され、児童や生徒は、自分たちが使っているエネルギーに大変関心をもっています。意外にもモニターを保護者の方がよく見ていて、環境にやさしい取組みを実施していることや、太陽光発電設備や蓄電池が自分の子どもの学校に設置されていることがわかるため、有事の際の備えをきちんとできているという安心感を伝えることができているのではないでしょうか」と言う。今後はエネルギー管理システムや見える化モニターを活用し、地域の未来を担う児童・生徒の環境意識の醸成を図りながら、環境教育につなげていく考えだ。

（4）モデル地区での運転と本格化に向けて

　スマートコミュニティのもう１つの柱が、モデル地区の整備である。モデル地区内の復興公営住宅に太陽光発電と蓄電池、エネルギー管理システム（MEMS、HEMS）を導入し、各地区の状況を地域エネルギー管理システム（CEMS）で連携させ、前述した見える化モニターで確認できるようにする。計535戸の大きな規模で復興公営住宅を整備する新蛇田地区では、2015年４月20日に東北電力が石巻蛇田太陽光発電所の建設を始め、2016年３月に運転を開始した。

　発電所の出力は300kWで、年間約31万kWhの発電量になる。これは、一般家庭90世帯分の年間使用電気量に相当する。また、太陽光発電所には大規模な蓄電池も設置される。地区内の公園や緑道には街路灯が整備され、有事の際には発電所の蓄電池等から電力供給されるので、非常時も灯りが途切れ

図表３－２－４　新蛇田地区における太陽光発電所

石巻蛇田太陽光発電所

出　　力	300kW
発　　電 電力量	約31万kWh/年 （一般家庭90世帯分の年間 使用電力量）
着　　工	2015年４月
運転開始	2016年３月
CO_2削減量	約180トン/年

有事の際には、石巻蛇田太陽光発電所から電力供給が予定されており、非常時も灯りが途切れない。

提供：石巻市

ない。この灯りは、住民や避難する人の目印となる。

　新蛇田地区は石巻市の内陸部に位置し、大型ショッピング施設のイオンモール石巻がそばにあることから人気となっている。復興公営住宅は単身世帯用やペット入居可のところもある。また、高齢者、ファミリー層、大家族といったさまざまな年代の人々がミックスされるように工夫し、住民が安心して暮らせる、住みたいと思えるコミュニティの形成を目指している。

　復興公営住宅や公園内のいたるところに太陽光パネルを設置するのに加え、すべての住宅で家庭向けエネルギー管理システム（HEMS）を設置している。パソコンやタブレットを使って、電気使用量を確認しながら節電をすることができるようになっているのである。既に住民説明会を実施し、今後も継続的に行う予定だ。定着化のためにはサポートも重要になるが、東芝がヘルプデスクを設置し、住民を継続して支援していくことになっている。

（5）スマートコミュニティ構築による効果

　プロジェクトのこれまでの効果を、末永氏に聞いてみた。

「まだ事業の途中ではありますが、防災力は確実に向上しています。太陽光発電、蓄電池の導入により有事の際のエネルギー確保ができるほか、エネルギー管理システムで市内全域の対象施設の電力状況を把握することが可能となりました。また、見える化モニターを整備したことで、平時は環境教育に活用できるほか、災害時は避難者用の掲示板として活用したり、自分の施設の電力状況を避難者同士で共有したりできるようになりました。東日本大震災の際は灯りがないことで空き巣被害も多く発生しましたが、本事業で電力を確保したことで、地域から灯りが途切れず、防犯力の向上にも寄与すると考えています」

　さらなる試みとして、石巻市は2015年に電気自動車を導入した。防災施設に整備した太陽光発電、蓄電池の電力を利用し、電力会社からの電力供給が途絶した際も、確実な移動手段として利用するためである。

図表３－２－５　エネルギーマネジメントシステムの管理画面

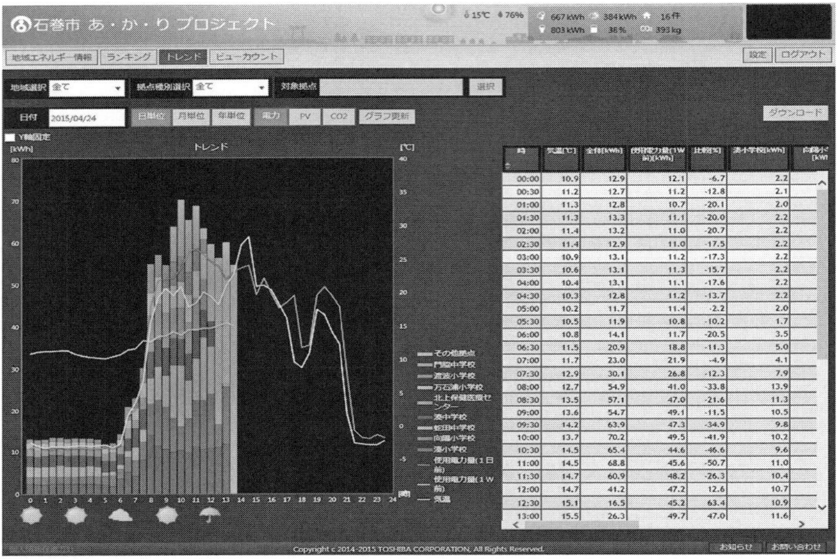

提供：石巻市

　エネルギーマネジメントシステムの管理画面では、見える化モニター同様、リアルタイムで防災拠点のエネルギーの状態を把握することができる。異常を検知するとアラートが上がるようになっている。

　今後は、防災力だけでなく産業振興や人口動向への寄与が期待されている。太陽光発電設備やHEMS機器の販売や設置・保守サービスによる生産誘発効果、コミュニティが形成され、見守りなど生活支援サービス等の新規事業が創出されることによる地域産業振興、高齢者や女性、若年層など地域での幅広い雇用創出による人材の活用・域外人口流入などである。

（6）世界の復興モデル都市を目指す

　2015年３月、国連防災世界会議が仙台で開催された。本体会議には185ヵ国から6,500人を超える関係者が、パブリック・フォーラムには延べ15万人

を超える人々が参加し、その前後で石巻にもスタディツアーとして多くの人が訪問した。

　東日本大震災は世界でも最大級の災害であり、世界や全国から多くの支援を受けた。何かの形で返したい、1つでも2つでも参考になるモデル事業ができればという強い思いが「最大の被災地から世界の復興モデル都市石巻を目指して」というスローガンに表れている。

　スマートコミュニティの取組みは全国で行われている。石巻市ならではの特徴をうかがうと、末永氏は「一般の人が参加していること」と言う。

　「新蛇田地区の復興公営住宅には、このプロジェクトに参加することという入居条件はありません。被災者が安心して住むための住居を提供することが最優先です。そのため、すべての住民の環境意識が高いわけではありません。今後、スマートコミュニティが日本の国民性の中で受け入れられるかどうかは、今後の石巻市を見ているとわかるかもしれません」

　東日本大震災は日本経済が縮小する中で発生した。経済に伸びる余地があった戦後の復旧＝復興と同じ状況ではない。単純に道路や施設、交通のハード面の復旧を進めるだけでは、人口減少や少子高齢化、産業衰退の流れを抑えることはできない。

　石巻市は2015年11月時点で人口約14.8万人、宮城県では仙台市に次ぐ第2の都市である。災害に強いまちづくりで市民に快適な暮らしを提供し、未来のために新たな産業を育てる地域社会を形成することを目指し、その一助としてスマートコミュニティが位置づけられている。被災地は日本の縮図であり、世界の縮図である。いずれは世界中が向き合うべき課題に挑んでいる石巻市の取組みを今後とも応援していきたい。

第3章　スマートシティ化でまちを創造する　*121*

	日本初サスティナブル・スマートタウン
3	の開発秘話——神奈川県藤沢市

　私は、2010年から2014年12月末の早期定年退職まで、パナソニック（旧・松下電器産業）で、Fujisawaサスティナブル・スマートタウン（略称：Fujisawa SST）のプロジェクトメンバーとして、また渉外責任者として、幾多のチャレンジをした。プロジェクトメンバーが夢をどのようにして形にしたのか。大規模プロジェクトを推進する方々に少しでも参考になれば幸いである。

　立地的には、JR東海道線に面し、藤沢駅と辻堂駅のほぼ中央に位置している。東京ドーム4個分の面積に、2014年11月27日のグランドオープンから2018年までに、約1,000世帯の戸建住宅とマンションが建築される予定だ。非住宅では、既に完成した商業施設の湘南T-SITE以外に、福祉施設、各種クリニック、保育所、学習塾などが建設される計画だ。

　ここは、1961年、松下電器が初の関東進出を果たした工場の跡地であった。しかし、時代を経て、工場の統廃合によりその役割を終えていた。とはいえ、この跡地を単に売却するのではなく、藤沢市にとっても価値ある存在にしたいという行政側の想いもあり、行政と共同でまちづくり方針を策定した全国的にも数少ない取組みだ。行政の力強い支援があったからこそ、世界に誇れるまちをつくることができたと強く感じている。

（1）Fujisawaサスティナブル・スマートタウンの誕生秘話

①本当にわれわれでできるのか

　プロジェクトを始めた当時は、20世帯程度のエコハウスの実証実験が行われている時代だった。その中で、1,000世帯が実生活を行う本格スマートタウンの構想は、「夢」と「コスト」、「夢」と「従来にない新規商品の開発時間」との戦いであった。世界の真似をせず、どこかが既に行ったこ

Fujisawa SSTの全体図

とは、それを超えるものにするという使命感で、議論をするほど課題が増える日々が続いた。

　そこで、2014年のまち開きまでの4年間のタスク管理表をつくることにした。粗めの中項目レベルを書き出しただけでも、いつページが終わるのかがわからないくらい膨大な量となり、われわれで本当にできるのかと不安になることが幾度もあった。

②「Fujisawaサスティナブル・スマートタウン」命名に込めた想い

　プロジェクト発足時は、まちのコンセプトづくりを非常に大切にした。プロジェクトには、年齢も職歴も異なったメンバーが集められた。

　その中でメンバーは、単なるエコシティで終わることなく、サスティナブル（持続的）に成長し続けるまちにしたいという想いを強め、字数は多くなったが、「Fujisawaサスティナブル・スマートタウン」と命名した。海外の方にも知っていただくために、藤沢は「Fujisawa」と表記することにした。

③変数が多すぎて、結論が出せない

　同じ社内でも、経歴、職種が違うと考え方が大きく異なっていた。プロ

第3章　スマートシティ化でまちを創造する　**123**

ジェクトメンバー間で目標を一致させるためには、議論が必要であり、非常に長い時間を要した。午前中で終わる予定の会議が15時まで延長になり、次は19時まで、最後には22時までと、皆が納得できるコンセプトは簡単にはできなかった。こうした日が何日も続いた。しかし、この延々と続く打合せがあったからこそメンバーの考えが1つになり、その後のパートナー開拓交渉やパナソニックの全社プロジェクトとして、社内外の関係者が実務を進めるうえでも強固な岩盤となることができたのだった。

④世界の最先端を目指して

「世界最先端を実現するため、各国の先進事例も深く分析・調査しました」と言うのは、プロジェクトの主要メンバーとして参画したアクセンチュアの杉原雅人氏だ。

世界には、10万世帯規模の大規模な事例もあった。ただ、スマートシティとは表現していても、単に現存する機器を接続するという内容がほとんどであり、われわれがベンチマークにできるものは少なく、ほぼゼロからクリエイティブにつくり上げることを志向した。

（2）Fujisawaサスティナブル・スマートタウンの協業体制

パナソニックを主体に、学研ホールディングス、学研ココファンフォールディングス、カルチュア・コンビニエンス・クラブ、湖山医療福祉グループ社会福祉法人カメリア会、電通、東京ガス、パナホーム、東日本電信電話、三井住友信託銀行、三井物産、三井不動産、三井不動産レジデンシャル、ヤマト運輸、アインファーマシー、アクセンチュア、サンオータス、綜合警備保障、日本設計のエコに積極的な19団体がFujisawa SST協議会を構成して、まちづくりに参画している（2015年12月現在）。

システム・技術検討の取りまとめを行い、今はパナソニックOBとなっている深澤宗昭氏は「パートナー会社さまとの"知恵出し"により、課題は一つずつ解決に至った」と語る。志を同じくするプロフェッショナルな方々と

の出会いがなければ、困難を乗り越えることはできなかった。

（3）他のスマートタウンとの違い

①住人一人ひとりの暮らし起点のまち

　「Fujisawa SSTは、エコで快適、安心・安全というまちの必要条件が揃っています。でも、それだけではありません。このまちはさらに"暮らしを楽しむ"ことをプラスし、多世代交流や継続的にまちを発展させたくなるさまざまな仕掛けをご用意しています。住人が主役となって、まちのストーリーを自らがつくり上げ、時とともに価値を重ね、進化していくまちにしたい」という、パナソニックでプロジェクト発足時からリーダーを務め、現在はFujisawa SSTマネジメント株式会社の社長を兼任する宮原智彦氏の言葉が象徴している。

②タウンマネジメントの事業化

　われわれは、まちに暮らす人々の生の声を吸い上げ、その時々のライフスタイルに合ったまちへと発展させ続ける住民主体の仕組みが必要だと考えた。また、具現化するためには、さまざまな事業者や自治体などを１つに束ね、バックアップする組織が必要不可欠であった。そこで設立したのが、Fujisawa SSTマネジメント株式会社である。

　このタウンマネジメント会社は、Fujisawa SST協議会のうちの９社（パナソニック、パナホーム、三井不動産レジデンシャル、三井物産、電通、日本設計、東京ガス、東日本電信電話、三井住友信託銀行）が出資して設立された（2015年12月現在）。

　NTT東日本の會田洋久氏は、「会社設立準備にあたって、住民の皆さまにリーズナブルな価格でサービスを提供しながら会社を維持していくために、非常に膨大な事業計画・積算資料を各パートナー企業で作成・精査したことで、一体感が深まりました」と語る。

　まち全体のマネジメントを事業化することで、求められるサービスをサ

第3章　スマートシティ化でまちを創造する　**125**

スティナブルに提供していくことができ、世界各地で進むスマートシティ事業のモデルケースになる可能性がある新しい仕組みといえるだろう。

③100年ビジョンがあるまち

「欧米で100年続く魅力的なまちでは、住民がコミュニティ活動をしている」と、パナソニックの森田弘之氏は言う。そこで、100年ビジョンを掲げ、それを達成するために藤沢市とまちづくり方針を決め、タウンデザインのガイドラインを設定した。この目標を共有した住人たちが、よりよい暮らしをつくるアイデアを出している。単に最先端のスマートタウンをつくるのではなく、究極の理想を追い求めたまちをつくろうとする意志がここにはある。

（4）Fujisawaサスティナブル・スマートタウンの革新的取組み

暮らし起点の画期的な仕組みを実現するためのエネルギー、モビリティ、コミュニティに分けた具体策を紹介する。

①エネルギー（省エネ、創エネ、蓄エネ）

太陽光発電などを最大限活用して、自分たちで使うエネルギーはできる限り自分たちの家でつくる。Fujisawa SSTでは、「自産自消」（自らつくり自ら消費する）という独自のキーワードを掲げている。

●ソーラー＆燃料電池＆蓄電池の家庭用創蓄連携システム

戸建てには、オール電化タイプと家庭用燃料電池・エネファームも加えたタイプが用意されている。燃料電池も加えた戸建住宅には、最新の創蓄連携システムが導入されている（「創蓄」とは、エネルギーをつくることと、エネルギーを蓄積し活用すること）。これにより、太陽光発電システムや蓄電池と家庭用燃料電池・エネファームが連携し、それぞれの家でつくった電気を上手に使い分け、余剰電力を自動的に売電に回すこともできる。

スマートHEMS（Home Energy Management System）が、各家庭が希

コミッティセンター　　　　　　コミュニティソーラー

望した条件で、日々、最適なエネルギーマネジメントをしてくれる。また、今後、電力環境やライフスタイルが変化したときも、スムーズな対応が可能だ。

●複層的な電源確保で防災拠点にもなる集会所

　セントラルパークにある集会所・コミッティセンターには、設備面では太陽光発電システムや蓄電池はもちろん、Ｖ２Ｈ（車から家への給電）などが整備されている。

●人工的エネルギーを使わない工夫

　「藤沢の風、光などの心地よい自然の力を無理なく取り入れ、エネルギー負担が少なくても快適性を保つ工夫が図られている」と言うのは、パナソニックの和田昌子さん。湘南の海からの風が心地よく吹き抜けるように、風の通り道に沿った街路樹やガーデンパスを設計。住戸の間隔を約1.6m以上あけるタウンデザイン・ガイドラインを設けることで、太陽の光を遮らない街区設計も実現している。

●コミュニティソーラーで非常時も安心

　まちの南側には、公共用地を活用したコミュニティソーラーが設置されている。平常時は電力を供給して地域全体の低炭素化に貢献し、非常時は住人はもちろん周辺地域の人々の非常用コンセントとして開放する。

第3章　スマートシティ化でまちを創造する　**127**

また、ユニークな活動として、ハード面の備えを非常時も有効的に活用するため、日々の暮らしから住民の意識を醸成するソフト面の取組みがある。10～20世帯ごとに1つの共助グループをつくり、タウンマネジメント会社が企画する季節の行事や防災イベントに参加する。交流を深めながら結束力や連携力を高め、非常時の活動につなげるための取組みだ。

　前職で建設コンサルタントを経験し、街区のコンセプトづくりを担当したパナソニックの坂本道弘氏の「従来のまちづくり手法に加え、パナソニックが目指すスマートタウンの理想をたくさん形にしました。古きよき日本のまちのように、自然体で暮らせることも一例です」という発言に、忘れかけていた心の安らぎを強く感じた。

②**モビリティ**

●**トータルモビリティサービス**

　Fujisawa SSTでは、サイクルシェアリング、EVレンタルサービス、カーシェアリング、環境車検など車を持っている人も持っていない人もエコでアクティブになれるトータルモビリティサービスを提供している。

　「ワクワクしながら、利便性を追求するサービス。そして、環境負荷の軽減にも貢献するサービスの構築を目指した」と、パナソニックの千原陽一郎氏は語る。

シェアリングされるサイクル

テスラ・ロードスターのレンタカー

●電気自動車のレンタカー登場

　スタート後わずか3.9秒で時速96kmに到達できる電気自動車のテスラ・ロードスターを使ったEVレンタルサービスがあるのをご存知だろうか。

　レンタルを実施するサンオータスの小圷（こあくつ）店長から「日本全国から借りに来られる。6時間レンタルで16,632円からです」とお聞きして、手の届く金額にびっくりした。Fujisawa SST見学時には、立ち寄る価値がある。

③コミュニティ：みんながつながるまち

　「技術が激変する通信業界で、3年後の2014年に最新かつ役立つポータルは何かを探るため、技術動向調査、他地域の事例視察を数えきれないくらい行いました」とパナソニックの大野文隆氏が語る。その汗が形となり、子どもからお年寄りまで誰でも手軽に使えるまちの情報サイト・タウンポータルが生まれた。使える端末がないからポータルを使わないという各地の声を聞き、Fujisawa SSTでは、すべての戸建住宅にスマートテレビとタブレット端末、フレッツ光を標準装備することにした。Fujisawa SSTに引っ越したその日から、スマートフォンやパソコンも含め、地域やエネルギー情報とつながることができる。

まちの情報サイト・タウンポータルを表示するスマートテレビ

(5) サスティナブルへのチャレンジ

　Fujisawaサスティナブル・スマートタウンには、その名前が象徴するように、常にサスティナブル（持続的）な挑戦が必要だ。住民とまちづくり関係者の熱意がある限り、世界の模範となるまちづくりが100年以上継続されると確信している。

（写真はすべてFujisawa SST協議会提供）

未来型環境共生都市・柏の葉スマートシティ——千葉県柏市

　日本では、2010年から経済産業省が主導し、全国4地域において、スマートコミュニティの次世代エネルギーシステム実証事業が行われている。その一方で、民間事業者によるビジネスとしてのスマートコミュニティ、スマートシティの実例も増えつつある。先に取り上げた藤沢サスティナブル・スマートタウンも、その一例である。

　ここでは、それらの最新事例であり、かつ自治体、大学、市民をも巻き込んだ公民学連携によるまちづくりの好例として、柏の葉スマートシティ事業を取り上げたい。

(1) 急速に発展する柏の葉キャンパス駅周辺

　2005年に開通した首都圏新都市鉄道つくばエクスプレス。その13番目の駅として、同年、千葉県柏市に柏の葉キャンパス駅が開業した。

　都心へのアクセスがわずか30分という利便性の高い柏の葉キャンパス駅周辺では、1980年代から近隣の土地整備が進められており、そこへ東京大学、千葉大学が進出。さらには、国や県のさまざまな機関の施設が集積し、郊外型の一大研究機関団地となっていた。ここに同地区で住宅などの開発を進めていた三井不動産株式会社が加わり、2006年、柏の葉国際キャンパスタウン構想がスタートする。同社が民間事業者として次世代都市づくりのモデル事業に乗り出したのである。

　これを皮切りに、柏の葉キャンパス駅周辺の豊かな住環境、都市環境の整備が一気に進むこととなった。それが、柏の葉スマートシティだ。

　一般にこのような連携事業は、「産官学」連携と呼ばれる。柏の葉スマートシティは、より幅広い連携として「公民学」連携であることを強調している点に着目したい。まず、「学」には東京大学、千葉大学がいる。一般的な

一番街からゲートスクエアを望む

「官」である自治体の千葉県・柏市にNPOが加わることで、「官」は「公」となった。そして「産」は、三井不動産に一般市民が加わって、「民」となる。まさに多種多様な組織、人々のつながりによって生まれたまちである。

(2)「世界の未来像をつくる街」宣言

　2014年7月8日、柏の葉キャンパス駅西側に、柏の葉スマートシティのコンセプトを実現する中核施設・柏の葉ゲートスクエアがグランドオープンした。関係者一同が、心待ちにしていた日である。

　実はこの施設は、2010年には既に翌年の着工に向け、建設準備が始まっていた。それがなぜ、グランドオープンまでに3年半もの月日を費やすことになったのだろうか。

　2011年3月11日、東日本大震災が発生した。ゲートスクエアの建設着工は同年4月に予定されており、いったんは予定通りに着工された。しかし、同年6月に中断、設計から大きく変更することになる。その最大の理由は、コンセプトの見直しだ。震災前に掲げていたコンセプトは、省エネルギーやCO_2削減を目標としたエコロジー重視であった。それが震災をきっかけに、

132

安全で安心なまちづくりに重きを置くコンセプトに切り替えたのである。従前はなかったBCP（事業継続）やLCP（生活継続）、社会的電力逼迫に対応するための電力融通の概念を、新たに採り入れた。

「世界の未来像をつくる街」——これが震災の4ヵ月後、同年7月に宣言された新しいコンセプトである。ここから翌年5月の建設再開まで、非常時の自立的な電力供給を柱とした災害対策、さらなる省エネルギー化を目指し、設計変更や各方面との協議が続けられたのだ。

（3）柏の葉スマートシティのコンセプト

中心事業者である三井不動産は、「世界の未来像をつくる街」柏の葉スマートシティの中心に、3つのテーマをあげている。

・人と地球にやさしく災害にも強い「環境共生都市」
・日本の新しい活力となる成長分野を育む「新産業創造都市」
・すべての世代が健やかに、安心して暮らせる「健康長寿都市」

なかでも注目したいのは、環境共生都市である。これはこの地域の豊かな自然環境を地域資源として活かしながら、エネルギー活用の効率化、省エネルギー、CO_2の削減、災害時のエネルギー供給を実現しようとする取組みである。

では、その環境共生都市をどのような仕組みで実現しようとしているのか。前述したゲートスクエアの街区は、電力会社の系統電力に極力頼らず、自然の熱や空気を活かすことで、地球への負担を減らすことをうたっている。ゲートスクエアを構成する各棟では、太陽光パネル、地中熱利用ヒートポンプ、屋上緑化や自然通風、雨水・地下水利用設備、生ごみバイオガス製造設備などがそれを担っている。太陽光パネ

エネルギー棟

ルだけを取り上げてみても、従来の屋上設置型パネルに加え、壁面や通路の
ひさしなどにもパネルを設置する。ホテルの夜間排出ボイラー熱も使われる。
　こうして生み出される太陽光を中心とした電力を蓄電池に蓄え、分散電源
エネルギーを異なる街区間で融通し合うスマートグリッドが、ゲートスクエ
アの完成と同時に運用を開始した。

（4）柏の葉スマートグリッドの特徴

　柏の葉スマートシティでは、スマートグリッドで2つの目的を実現する。
　1つは、平常時の電力ピークカットだ。各街区の建物において電力会社の
系統電力と太陽光発電や蓄電池などの分散電源を併用しつつ、電力を異なる
街区間で相互融通し合うことで、両街区の電力ピークカットを実現する。
　たとえば、平日はゲートスクエアのオフィスでの電力需要が高まるため、
商業施設のららぽーと柏の葉からゲートスクエアに電力を送る。逆に、休日
は商業施設での電力需要が高まるため、ららぽーと柏の葉へゲートスクエア
から電力を供給する。これによるエリア全体でのピークカット率を、計画で
は26％と設定した。2015年夏、本格運用から1年あまり経過したこの時期に
は既に計画通りのピークカット率を概ね実現できたと、柏の葉スマートシ
ティにおけるエネルギー関連の統括コンサルタント、株式会社日建設計の田
丸康貴氏は自信をもって語った。
　2つ目の目的は、非常時の防災力強化である。災害などで電力会社からの
系統電力が止まった場合、地域に分散設置した発電・蓄電設備の電力を、住
民生活の維持に必要な施設・設備に供給する。集合住宅のエレベーター、共
用照明、避難所となる集会所などに電力を送るのだ。
　これら2つの目的を達成するために、柏の葉スマートシティのスマートグ
リッドは、多様な電源の分散配置、電力融通装置、AEMS（Area Energy
Management System）の3つの特徴をもつ。
　非常時にエリア外からの系統電力供給が完全に遮断されたとき、発電機を

動かすのは重油だ。通常の6割使用で最低でも72時間運転できるだけのA重油が、敷地内に蓄えられている。加えて、耐震性の高い中圧ガスが引き込まれており、ガスとA重油のデュアルフューエルの非常用発電機にそのガスを活かすことで、系統電力の供給再開をさらに長期間待つことができる。この仕組みで最大1,000時間の電力稼働が可能になると、三井不動産柏の葉街づくり推進部の濱記代子氏は語った。

　ピークカットを担う電力融通装置にも、重要な特徴がある。系統電力が流れている電力網に電圧や周波数の異なる別の電源の電力が流れ込むと、電源品質に障害を起こす危険がある。そこで、融通電力をいったん直流に変え、電圧・周波数を合わせて交流に戻すといった制御が必要となる。それを実現する電力融通装置がここに設置されている。

　また、各施設やエリア内の発電・蓄電装置をICTネットワークでつなぐAEMS（Area Energy Management System）は、それぞれの施設の発電量や蓄電量、電力使用量、さらには地域の気象情報や災害情報などのデータを収集・分析して今後の電力需要や発電・蓄電量を予測し、最適な電力供給計画をつくるものだ。そして、これらを実現する司令塔が、柏の葉スマートセンターである。

図表3－4－1　電力融通のイメージ

出所：三井不動産株式会社プレスリリース

（5）柏の葉スマートセンターの役割

　ゲートスクエア内に設置された柏の葉スマートセンターは、AEMSによる地域エネルギーマネジメントの拠点であり、柏の葉スマートシティのいわば心臓部である。ICTによるエリア電力の監視、発電・蓄電設備の制御、電力融通量の調整など、スマートグリッド全体をコントロールしているのだ。各施設のエネルギー利用傾向を分析し、省エネにつながるアドバイスを発信する行動ナビゲーションも行っている。

　図表3-4-2は平常時のスマートグリッドの状態、図表3-4-3は非常時のスマートグリッドの状態を表している。災害など何らかの理由で電力会社の系統電力が遮断されたときに、スマートセンターのAEMSが各街区の電力供給をコントロールするのだ。

図表3-4-2　平常時のスマートグリッド

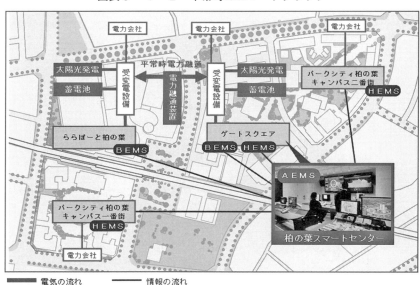

出所：三井不動産株式会社プレスリリース

図表3－4－3　非常時のスマートグリッド

出所：三井不動産株式会社プレスリリース

（6）日本初、公道をまたいだ街区間電力融通

　柏の葉スマートシティの開発過程で大きな注目を浴びたのが、日本初のケースとなる、公道をまたいだ異なる街区間での電力相互融通である。

　次ページの写真では、左の建物が商業施設のららぽーと柏の葉、右がゲートスクエアで、この2つの建屋を通路でつないでおり、その下を公道が走っている。そして、この公道をまたいだ通路の屋根の上に送電線が敷設されているのだ。これが、商業施設側街区とゲートスクエア側街区の電力相互融通を支えている。

　電気事業法では、電気事業者以外の民間事業者が自営の送電線を用いて特定の需要家に電力を送ることは、特定供給の許可を得なければ実現できない。非常時の電力融通において、これが障壁となった。この特定供給は、従来自営発電設備を有する大規模工業団地などで、敷地内の各施設に電気を供

公道をまたいで送電線が走る

給する際に用いられてきた制度である。供給先となる場所の電力需要に対して、50％以上を満たす発電設備の保有（自己電源保有比率）が条件となっている。このため、スマートシティで電力供給を実現するには、過大な設備投資が必要であった。そのうえ、太陽光発電などの再生可能エネルギーは、気象条件による発電出力の不安定性から、これまでは発電設備として認められていなかった。

　柏の葉スマートシティでは、多くの課題を乗り越え特定供給の許可を得るために、経済産業省と1年近くに及ぶ折衝を重ねた。住民管理組合と災害時の電力供給の協定を結び、住民との密接な関係を築く。この協定書の締結により、特定供給の許可を獲得できた。こうして、関係者の悲願であった非常時の電力融通が、日の目を見ることになったのである。

（7）柏の葉スマートシティの目指す姿

　柏の葉スマートシティは、次世代型都市のモデルとして大いに注目されている。このまちの住民もここに居を構えた理由として、都心へのアクセスの良さ、エリア内で住環境に必要なすべてが揃う利便性の高さ、高度なセキュリティ、そして災害に強いことへの安心感をあげる。初期の分譲で2009年に

入居した60代男性は、「3.11の地震のときは大変だった。今ではエレベーターが止まらない仕組みになったようで、安心している」と語った。

　では、柏の葉スマートシティはこれから、どのように進化していくのか。

　2015年12月現在、3番街となるゲートタワーが建設中である。さらに将来的には、北側のエリアにもまちづくりを進める計画だ。先行した駅周辺の仕組みを広げることが最適といえるのかどうかが今、熱心に議論されていると、三井不動産柏の葉街づくり推進部統括・近澤誠氏は語った。「実現したいのは、環境にやさしく、防災力も高く、エネルギーを賢く使うスマートシティであることに変わりはありません。そして、それをどういった手段で実現するのか、どんな方法が最適なのか、そこが最大の論点なのです」とも言う。

　駅前エリアも本格運用から2年近く経過した今、検証・分析が進みつつある。スマートグリッドの機能は、稼働余地もまだ残されている。住民をはじめ関わる人すべてが豊かになれる真のスマートシティを目指し、さらなる進歩、そのための努力が重ねられていくのだ。

第4章

先行する海外の
エコシティ化

<table>
<tr><td>1</td><td>風力発電で地球温暖化防止を推進
——アメリカ・パームスプリングス風力発電所</td></tr>
</table>

（1）風力発電が世界的に注目される背景

　今、地球環境問題として、温暖化、酸性雨、オゾン層破壊、放射性物質、悪臭、水質汚染、生態系破壊、土壌汚染、ヒートアイランド、森林破壊、大気汚染、電波・電磁波公害、獣害・鳥害、ごみ問題などがあげられているが、なかでも地球温暖化が最大の問題とされている。それは、地球温暖化により氷河の後退、北極圏や南極圏の氷の溶解、世界規模での海面上昇、大型暴風や巨大竜巻などの異変、現象が多数発生しているからである。

　こうした地球温暖化は、電気エネルギーなどを得るために化石燃料（石炭、石油）を燃やすことから発生するCO_2（二酸化炭素）が原因である。したがって、地球温暖化を防止する主要な手法の１つは、化石燃料の使用量を削減することである。そこで、化石燃料をまったく使わない風力発電が注目されるようになった。

　このまま放置しておいては、地球が破壊されて人が住めなくなるとの危機感から、気候変動枠組み条約国際会議がスタートした。その第３回が1997年11月11日に京都国際会館で開催され、次のことが議決された。この内容が京都議定書といわれるもので、地球温暖化対策推進のもととなっている。

　①温室効果ガス（主としてCO_2）の排出量を数値目標を掲げて削減する（目標達成は2008〜2012年とする）。

　②日本は1990年基準で６％削減、アメリカは７％削減、EUは８％削減を目標とする。

　③対象ガスは二酸化炭素、メタン、一酸化二窒素、HFC、OFC、SFとする。

　その後、2007年に行われた洞爺湖サミット、さらに2009年11月に行われたコペンハーゲンサミットでは、2013年以降の温室効果ガス排出削減目標が設定されたが、その目標は、2050年までに基準年の半減とされている。

（2）風力発電開発に拍車をかけたグリーンニューディール政策

　当時のアメリカ・ブッシュ大統領は産業界の強い反対により京都議定書を批准しなかったが、オバマ大統領の就任とともに一転して批准に変わり、グリーンニューディールという政策を打ち出した。この中の第1項に風力発電の強化がうたわれており、銀行はすぐに風力発電所建設の融資枠を拡大したため、これを受けて全米各地で風力発電所の建設が盛んになっている。グリーンニューディールの概要は、次の通りである。

　　①風力・太陽光・バイオ燃料などの代替エネルギーの生産を3年で倍増させる。

　　②延べ3,000マイル（4,800km）以上の送電線網を新設する。

　　③連邦政府ビル75％のエネルギー効率化を進め、年20億ドルを節約する。

　　④250万戸の住宅を改修し、1世帯当たり350ドルの光熱費を削減する。

　　⑤1万校の学校を近代化する。

　　⑥数千マイルの道路を改修する。

　　⑦数万人へのブロードバンド（高速大容量）を充実させる。

　　⑧再生可能エネルギーの電力供給比率を2015年に10％、2025年には25％に高める。

　　⑨CO_2排出取引を実施、2050年には温室効果を80％削減する。

　　⑩2015年までに米国産プラグインハイブリッド車を走らせる。

　　⑫クリーンエネルギー社会建設のため、年間で150億ドル、10年で1,500億ドルを投資、それにより500万人の雇用を創出する。

（3）総電力の1％を風力発電で賄うアメリカ

　最近ではアメリカが他のどの国よりも多くの風力発電エネルギーを活用しており、2008年にはドイツの名目総発電力を超えている。

　カリフォルニア州は近代的な風力産業のインキュベーターであり、長年設置された発電能力という意味ではアメリカを牽引してきたが、2006年末にテ

第4章　先行する海外のエコシティ化　**143**

キサス州が風力発電ではNo.1に躍り出て、そのまま1位を保ち続けている。

　アメリカ風力発電協会によると、2008年の時点でアメリカの総電力の1％以上が風力発電で賄われている。また、アメリカエネルギー省の研究によると、大平原諸州であるテキサス、カンザス、北ダコタで確保される風力でアメリカ全体に提供する電力をつくることができるだろうと結論づけており、沖合のウインドファームも同様なことができるようである。さらに、五大湖付近の風は現存するテクノロジーで回収することができ、現在、非再生可能エネルギー資源から発電されているアメリカとカナダの電力量の80％を提供できる可能性がある。ミシガン州だけで現在のアメリカの電力需要の3分の1を賄えるのである。

（4）パームスプリングス風力発電所

　アメリカの風力発電所は、カリフォルニア州サンフランシスコ郊外のバリモア地区とロサンゼルス郊外のパームスプリングス地区に集中しており、つい最近までは、カリフォルニア州が風力発電施設数で全米のトップであったが、今はアリゾナ州に譲っている。

　カリフォルニア州の風力発電所は、パームスプリングス（サン・ゴルゴニオ）、アルタモント・パス（サンフランシスコ東方）、テハチャビ（ロサンゼルス北東）の3ヵ所に分かれる。全体で15,000基以上のタービン（風車）が稼働している。この3ヵ所の総発電量はカリフォルニア州の風力発電量の95％を占めるが、これはカリフォルニア州全体が使う電力量の5％に当たる。サンフランシスコ市では1.5％にとどまるが、パームスプリングス市では消費電力の35％が風力発電で賄われている。

　その1つであるパームスプリングス風力発電機区を訪問調査した。パームスプリングスは、ロサンゼルス東方、サン・ゴルゴニオ地区に所在する。この地域は、年間を通して約300日も強い風が吹くそうである。西海岸の海水によって温められた空気がこの地域に流れ込み、その影響で風が吹くという

パームスプリングスの風力発電の風車

地形的な理由がある（夕方には逆方向に風が吹く）。

その地形的特徴が風力発電に向いており、ここパームスプリングス地域には風力発電の風車が数多く稼働している。約11万平方マイルの面積の中に、風力発電の風車が3,200基以上存在し、41のウインドファーム（発電区域）に分かれ、6つの電力会社が運営・管理を行っている。風力発電所としては、世界最大規模である。

発電量は、600〜900MWにのぼる。これは、パームスプリングス市とその周辺地域全体に電力を供給するには十分な量である。最も大きな風車は、中型の原子力発電所並みの発電量を誇っている。

（5）発電効率を高めるため風車は大型化

前述したように、この地域は年間300日も強い風が吹く環境にあるが、午前中は東から西に、午後は西から東に向かって風が吹く。したがって、風車は半分が西向きに、残りの半分が東向きに設置してある。最大効果をもたらすために、風車は210m間隔で設置されている。

風力発電が開発され始めた1980年代の風車のローターサイズ（直径）は10mで、発電能力は25kWであったが、2000年代に入ってからの風車は直径

第4章　先行する海外のエコシティ化　**145**

71mと巨大となり、発電能力も7,650kWと高まっている。高さも150mと高くなったので、渡り鳥対策の規制もある。

　風力発電所の施設には、まず風車を立てるための土地が必要になる。個人や政府が所有する土地を賃借する場合は、風車1基当たり年間平均3,000～4,000ドルの賃借料が相場である。

　風車の立地は風の強いところが有利かと思えるが、送電線との位置関係も重要なファクターになるようだ。つまり、風の強い山の上に風車を立てると、送電線まで電気を運ぶための施設の建設コストやメンテナンスコストがかさんでしまう場合があるのである。

　そして、風力発電所ごとにサブステーションを建設する。サブステーションでは、風車で発電した電気を変電所に送る前に、50万Vに変圧する。サブステーションで変圧された電気はこの地域の変電所に集められ、ロサンゼルス地域に送られる。

（6）初期投資は4年半で償却

　年間の整備費用は1基当たり3,000～4,000ドルで、風車の初期投資費用は4年半で償却でき、寿命は20～25年である。アメリカ国産はなく、デンマーク製が75％、残りがドイツ製である。カリフォルニアの風車発電のコストは、1988年には1kW/時当たり6.4セントであったが、2008年には4.5～5.0セントに下がっている。

　また、風車や各施設にはメンテナンスも必要であり、平均して風車10基に1人の技術者が配置されている。この地域には約3,200基の風車があるので、技術者も300人以上いることになる。今後、2030年までにアメリカが掲げる数値が達成できれば、それに係る労働者の数は50万人になる。これらの仕事は、グリーンカラージョブと呼ばれている。

　　　　　　　　　　（執筆に関しては、春日丈実氏にご協力いただいた）

2 エネルギー革命で太陽光発電量世界一に
　——ドイツ

（1）今、ドイツで何が起きているのか
①日常風景化する民家のソーラーパネル

　ドイツを車や列車で旅すると、あちこちの民家の屋根にソーラーパネルが設置されているのを見かける。こうした風景は、ドイツのエネルギー革命の象徴でもある。下の写真は、ドイツ南部の人口2万6千人ほどの地方都市ネッカーズルムの風景だ。同市は、太陽光エネルギーの利用においてヨーロッパの最先端のまちの1つとして知られている。

　ドイツ連邦ソーラー経済連盟（BSW）の2013年度調査によると、ソーラーパネルを設置した市民の数はドイツ全土で約850万人にのぼる。ドイツの全人口は約8,100万人なので、1割以上の市民が活用していることになる。

ドイツ・ネッカーズルムの住居のソーラーパネル
（出所：Wikimedia Commons, Solar Panels on the top of the houses in Neckarsulm-Amorbach, Germany）

第4章　先行する海外のエコシティ化　**147**

②ドイツのエネルギー革命とは

ドイツのエネルギー革命（Energiewende）とは、再生可能エネルギーによって化石燃料や原子力燃料への依存から脱却するという革新的な転換を意味している。2050年までに国内エネルギー需要の60％、電力需要の80％を再生可能エネルギーで賄うという野心的な目標が掲げられている。このエネルギー革命は、ドイツでは17〜18世紀の欧州の農業革命、産業革命、情報革命に次ぐ4番目の革命として捉えられている。

ドイツでは、1986年のチェルノブイリ原発事故が引き金となって、環境意識に目覚めた市民が草の根的な運動を展開し、今日まで約30年にわたってエネルギー革命の賛否をめぐる激しい対立と議論が繰り返されてきた。

現在、ドイツで採用されている再生可能エネルギーは、風力、バイオマス、水力、太陽光、ごみなどのエネルギーミックスで構成されている。ここでは、ドイツのエネルギー転換における太陽光発電について概観してみたい。わが国の今後のエネルギー問題解決への参考となれば幸いである。

（2）太陽光発電の先進国ドイツ

①世界の太陽光発電の動向

1999年から2013年までの世界の太陽光発電の累積導入量の推移は、図表4−2−1の通りである。2010年以降急激に伸び、2013年現在、ドイツ、スペイン、イタリアなどの欧州諸国のほか、中国、日本、アメリカで導入が進んでいることがわかる。

②世界一の導入量を誇るドイツ

国別の累積導入量は、図表4−2−2の通りである。ドイツの太陽光発電の累積導入量は世界一、中国、イタリアが続き、わが国は第4位となっている。ドイツは、太陽光発電の先進国なのである。あとは、アメリカ、フランス、スペイン、イギリス、オーストラリア、ベルギーなどが上位を占めている。

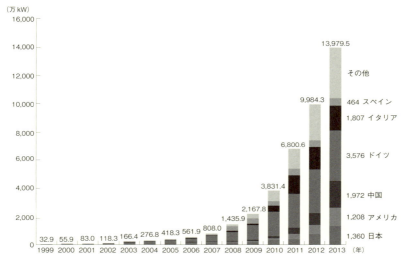

図表4-2-1　世界の太陽光発電の累積導入量

出所：エネルギー白書2015にIEA「PVPSTRENDS 2014」のデータを追加して筆者作成

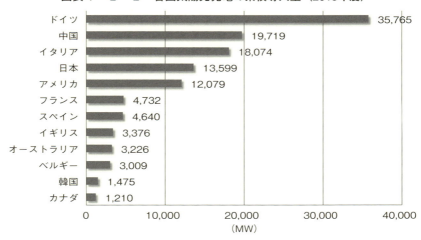

図表4-2-2　各国太陽光発電の累積導入量（2013年度）

出所：IEA PVPS TRENDS 2014 IN PHOTOVOLTAICAPPLICATIONS、ANNEx 1よりデータを抜粋し筆者作成

③まだまだ低い太陽光発電の割合

　ドイツでは、太陽光発電の導入量は世界一だが、ドイツ国内の電力総需要に占める割合は、決して高いとはいえない。2014年度では、総電力需要の6％を占めるに過ぎない（図表4－2－3）。石炭・褐炭による発電が最も多く、全体の43％を占めている。これは、ドイツでは石炭・褐炭の産出量が多いためである。また、原子力が16％を占めているが、2022年を目途に段階的に原子力発電所を閉鎖することが決まっている。

　ドイツの再生可能エネルギー（風力、バイオマス、太陽光、水力、ごみ）の合計は、全体の26％を占めている。近年では風力による発電量が最も多い。ドイツは、北海道とほぼ同じ緯度にあるうえ北国なので、太陽光よりも風力のほうが有利なのだ。

　一方、わが国では、太陽光発電の占める割合は微々たるものだ。太陽光は、風力、バイオマス、地熱などとともに新エネルギー・地熱等に分類され、合計4％の中に含まれるほど少ない。また、再生可能エネルギーの合計は、水力の3％と合わせても7％を占めるに過ぎない（図表4－2－4）。

図表4－2－3　ドイツにおける電力源の割合

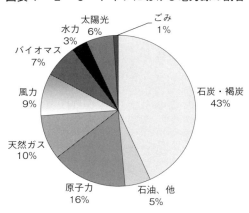

出所：BDEW（Bundesverband der Energie-undWasser-wirtschaft）、2015資料より筆者作成

150

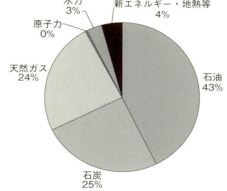

図表4-2-4　わが国における電力源の割合

出所：エネルギー白書2014のデータより筆者作成

　原子力は0％だが、その代替エネルギーとして、石油43％、石炭25％、天然ガス24％と化石燃料合計で92％を占めている。わが国ではいまだ化石燃料に大きく依存しており、ドイツと比べ再生可能エネルギーの導入は大きく遅れていることがわかる。

（3）なぜドイツでは再生可能エネルギーの比率が高いのか
①伝統的に高い国民の環境意識

　ドイツ人は伝統的にエコロジーへの関心が高く、郷土愛がとても強い。公園や道路などの公共の場だけでなく、自宅のベランダや庭には草花を植え、その美しさを町や村で競い合っている。

　前述したように、ドイツのエネルギー革命は、草の根的な市民運動によって推進されてきた。ドイツには緑の党（Die Grünen）という政党がある。戦前よりエコロジーの伝統があったドイツだが、1970年代半ばからシュヴァルツヴァルト（黒い森）の喪失問題などを機に、一層環境意識が高まった。主に右派や保守派の環境保護グループが中心となって、緑の党

第4章　先行する海外のエコシティ化　**151**

が組織された。

緑の党は、1980年代以降一定の勢力を保ち、野党として脱原発、風力発電などの再生可能エネルギーの推進、CO_2の削減などの環境政策を進展させてきた。2014年現在、ドイツ連邦議会で63議席をもつ4番目に大きい政党になっている。こうした政党ができるほど、ドイツ国民の環境問題に対する意識は高いのである。

②地域が再生可能エネルギーを主導

ドイツでは、1998年に電力の全面自由化が断行され、発電に新規参入者が加わり、全国レベルの競争が展開された。自由競争により発電コストが低減され、電気料金が抑制されることが期待された。

自由化前には、8大電力会社と市などが出資する地域インフラサービス会社（シュタットベルケ：Stadtwerke）が電力を供給していた。結果的に多くの新規参入業者は倒産し、大部分のシュタットベルケも大企業に買収されていった。スケールメリットが活かせる大企業4社に統合され寡占化が進んだのである。

ところが、再生可能エネルギーの導入を機に、一部のシュタットベルケは生き残り、現在でも電力小売の2割強以上のシェアを継続的に保っている。これは、規模の経済が働く化石燃料や原子力などの従来型の大企業が主導する電力事業とは異なり、再生可能エネルギーでは、コストだけでは充足できない多様な需要家のニーズに対応する必要があったためと考えられる。

生き残ったシュタットベルケは、地域密着のきめ細かなサービス提供に競争力があったのだ。また、地域資源の活用、地域雇用の創出という点でも地域に貢献し、市民と協働して地域を守ろうとする郷土愛のようなものが働いたと考えられる。

③市民エネルギー組合による地域での取組み

電力の自由化により寡占化が進む一方で、顧客が自由に電力会社を選択

できるようになり、再び多くのエネルギー共同組合が市民によって結成された。2010年に南西ドイツの黒い森に囲まれた村で設立されたビーダーバッハ・エルツタールエネルギー共同組合もその1つだ。エルツッハ市、ビーダーバッハ村、ヴィンデン村からなる人口1万3千人程度の農村地帯では、民家の屋根にソーラーパネルが数多く設置されている。

　2014年現在、ドイツには合計973のエネルギー共同組合がある。エネルギー自由化後の2001年はわずか66組合だったが、2009年頃から急増した。これらのエネルギー共同組合に係わっているのは、約9割が一般市民といわれている。もともとドイツでは、100年以上前から送電線や地域の暖房をエネルギー共同組合が運営してきた歴史があった。

　電力の自由化後、こうした組合が増え続けたベースには、持続可能な地域社会は自分たちで守るという意識がある。同時に、雇用や配当などの経済的な利得の追求もある。両者がうまくかみ合っているのだ。組合の出資金は少額から可能であり、出資額に関係なく1人1票で民主的な運営がなされている。再生可能エネルギーによる発電は、大企業による一極集中的

ビーダーバッハ村の位置
（出所：Googleマップ）

第4章　先行する海外のエコシティ化　**153**

な発電とは異なり、小型分散型が多い。

だからこそ地域住民の手で行われることが可能であり、地域で消費されるのだ。こうした電力の地産地消では、発電や送電コストの削減により地域生産の付加価値を高めることも可能となる。

④ドイツの再生可能エネルギー法の問題点

ドイツ政府は、再生可能エネルギーによる発電を促進するため、2000年に再生可能エネルギー法を制定した。太陽光や風力など再生可能エネルギーによる電力を送電会社が固定価格で優先的に買い取り、それによって生じた費用を一般の電力料金に上乗せして電力消費者に請求する仕組みを定めたものだ。法律で買取価格が20年間保証され、利回りが5〜10％の魅力的な投資だということで、多くの人がソーラーパネルを自宅の屋根に設置した。

ところが、ふたを開けてみると、高価格で買い取った再生可能エネルギー電力の割合が増すに伴って電力料金が急速に上昇し、国民生活を圧迫するようになった。ついに、政府は2014年、固定買取価格を引き下げるなどの改定をせざるをえなくなった。問題の本質は、まだまだ再生可能エネルギーのコストが高いことにある。ドイツの太陽光発電のコストは火力発電の5倍前後といわれている。

一方で、2011年には福島の原発事故を契機にドイツにおける原子力発電所の半数近くが停止され、再生可能エネルギーの拡大はさらに重要性を増している。ますます再生可能エネルギーのコストパフォーマンスを改善する必要性が出てきたのである。

（4）ドイツの太陽光発電から学べること

①行動する市民の存在

ドイツでも、営利企業は短中期的な経済合理性を求められる。特に大企業は、化石燃料や原子力による集中型の発電を優先してきた。また、政府

与党も声の大きい大企業の代弁者になりやすい。長期的な視野に立てば原子力や化石燃料エネルギーの活用には問題があることはわかっていても、なかなか変えることは難しかった。

しかし、東日本大震災の影響で、メルケル首相も脱原発、再生可能エネルギーの導入促進に大きく舵を切った。その根底には、市民が声を上げ、草の根的な運動を起こし、地域の組合や市民会社が分散的な電力事業を推進してきたことがある。

わが国においては、1995年より段階的に電力自由化がなされてきたが、現状はいまだに大手電力会社が発電事業をほとんど独占している。大手電力会社にとっては、短中期的な経済合理性を追求せざるをえないため、コストパフォーマンスの低い太陽光発電などの再生可能エネルギーを導入する優先度は低いと考えられる。

そんな中、地域の長期的なエネルギーの安全・安心・安定的確保などの長期的な視野に立ったメリットを求めるためには、ドイツのように地域の住民が声を上げ、地域エネルギーの地産地消に向けて行動することが必要だろう。なぜなら、太陽光発電のような再生可能エネルギーは、地域密着型のきめ細かな分散型の発電システムであり、短中期的に大企業が対応するにはコストがかかるためである。

また、今後わが国の地域エネルギー事業を育成するためには、規制緩和、配電網などのインフラの整備、発電技術に係る人材の育成などが必要である。地域住民の声を受け、自治体の関与も必要だろう。それは、地域経済の底上げ、地方創生にもつながることになる。

②発電の効率化と省エネへ向けた研究・開発

ドイツで太陽光発電の固定買取価格制度を導入した際、高い買取価格のしわ寄せが政府や消費者に転嫁され問題となっている。同様なことが、わが国でも起きるだろう。

現在、われわれが安価な電力を享受できているのは、短中期的な原子力

や化石燃料による発電のコストパフォーマンスがよいためである。しかし、そのツケは、原発事故や地球温暖化などの環境汚染問題となって、後日大きな代償を支払うことになる。

　その根本的な解決方法は、太陽光発電などの再生可能エネルギーの発電コストを低減させ、かつ省エネを促進することだ。既にドイツでは、地域が主体となってさまざまな再生可能エネルギー発電の効率化や省エネに向けた研究・開発が行われている。わが国においても同様に、官民国を挙げたさらなる技術革新に向けた切磋琢磨が望まれる。

3 風力発電で全電力を賄う自動車工場
── ドイツ・BMWのライプチヒ工場

（1）BMWライプチヒ工場の生産革命

①故ザハ・ハディッドによる斬新な設計

　2013年4月、私はドイツ高級車メーカーBMWのライプチヒ工場を訪問した。ライプチヒは、ゲーテやワーグナーが生まれ育った芸術の都だ。東独時代の民主化運動発祥の地でもある。そのライプチヒで、BMWは電気自動車（以下、「EV」）の「i3」と「i8」を生産している。

　工場の中に足を踏み入れた瞬間、斬新な設計であることを実感した。管理部門がある中央棟を生産ラインが貫いている。オフィスでデスクワークしたり、社員食堂で昼食をとったりしている従業員の頭上を、ホワイトボディ（塗装前の車体）が整然と生産ラインに向かって通過していくのだ。

　これは決して工場見学者向けの展示ではなく、ホワイトワーカーに対して工場の現場を常に想起させるための工夫らしい。このデザインを担当したのは、世界的な建築家の故ザハ・ハディッドだ。後からそれを知って、思わず納得した。同氏は、2020年の東京オリンピック・パラリンピックに向けて巨額の建設費をめぐり白紙撤回となった新国立競技場を設計した人物で、2016年3月31日に心臓発作で亡くなった。

②4基の巨大な風力発電機

　そして、驚くべきは電気自動車の生産で使用する電力をすべて4基の風力発電機で賄っている点だ。風力発電機は、1年間に2,500万kWHの電力を生み出す。その結果、この工場では、BMWの全工場の平均値と比べて車両生産に必要なエネルギーの消費量を50％、水の消費量を70％も削減することが可能だ。EVの生産過程で余った電力は、他のエンジン車の生産工程やライプチヒの送電網にも送り込まれる。

　実際に風力発電機をはじめて見て目を引いたのは、その大きさだ。高さ

第4章　先行する海外のエコシティ化　**157**

BMWライプチヒ工場に設置された風力発電機
(出所：BMWホームページ)

は実に190mもある。そして、巨大なプロペラが悠然と音もたてずに回転しているのは、まさに圧巻であった。

③プレスや溶接の機械がなく静寂な工場内

　BMWのEV生産ラインに足を踏み入れて驚いたのは、静寂そのものということだった。私はこれまで国内外の数多くの自動車工場を見てきたが、通常は大型プレス機で鋼板を打ち抜く轟音と振動や鉄板を溶接する際に火花が飛び散る音が生じる。しかし、この生産ラインでは、こうした音がまったく聞こえてくることはなく、静粛性が高いのだ。

　その理由は、車体骨格に炭素繊維強化プラスチック（CFRP）を使用したことで製造工程が画期的に変化したためだ。大型プレス機で鋼板をプレスするかわりに、炭素繊維の「布」を高温で成形して車体部品をつくり、それを特殊な接着剤で貼り付ける。そのため、通常の自動車工場のような騒音とは無関係でいられるのだ。

④車両生産に必要なエネルギー消費量を最小化

　プレスや溶接工程が不要なことは、電力消費量削減に直結する。このため、EV生産工場はすべての電力を風力発電で賄えるのだ。そのうえ、車

体骨格を覆う外装パネルにプラスチックを採用して軽量化したことによって、塗装工程も削減できた。モーターやバッテリーなどをアルミ製の枠組みに取り付ける作業を車体組立てとは別のラインで同時並行して進めることで、１台当たりの生産時間も半分になった。塗装の際に使う大量の水も不要になり、環境負荷も大きく減った。まさに、サステイナブルな生産体制といえる。

⑤再生可能エネルギー比率をさらに高める取組み

　BMWは、子会社を含むグループ全体で使用する電力の約51％を再生可能エネルギーで賄っている。前述のライプチヒ工場では風力、後述のモーゼルレイク工場では水力を利用しているが、それ以外にも再生可能エネルギーを使用した工場が多い。

　アメリカ・サウスカロライナ州のスパータンバーグ工場で使用するエネルギーの半分は、メタンガス・システムによるものだ。南アフリカ共和国のロスリン工場では、生産に必要なエネルギーの約４分の１を畜産農場や養鶏場の廃棄物を利用したバイオガス・システムで賄っている。

　BMWは、今後数年間のうちに全世界の使用電力に占める再生可能エネルギーの比率を段階的に100％まで高めていくという意欲的な目標をもっている。第１段階は世界中の施設でエネルギー消費効率を高め、第２段階は各拠点で再生可能エネルギーによる発電システムを導入し、第３段階は全世界でエネルギー企業から再生可能エネルギーによる電力を購入するというものだ。こうしたBMWの取組みは、わが国の製造業にとっても大いに参考になるだろう。

（２）炭素繊維による軽量化とリサイクルを進めるBMW

①炭素繊維をはじめて量産車に利用

　従来のクルマはエンジンや変速機と鋼板を中心に構成されてきたが、BMWのEVは違う。モーターなどの電子部品とCFRPで成り立っている。

第４章　先行する海外のエコシティ化　**159**

車体の主要素材を鋼板からCFRPに切り替えたのだ。具体的には、シャシー側をドライブモジュール、ボディ側をライフモジュールと明確に分けて車両設計している。素材は前者が再生可能なアルミニウム、後者がCFRPでほぼ100％構成されている。CFRPは、アルミニウムと比べ3割、鉄鋼と比べて5割も軽量だ。ただし、その分、高価であり、これまでは航空機や高級車の一部の部材にしか使用されてこなかった。しかし、BMWはこれまでの慣習を破り、世界ではじめて量産車の車体骨格に鉄より強くて軽いCFRPを全面採用した。

　i3の車両重量は1,260kgで、EVで先行する日産自動車リーフの1,430kgに比べてかなり軽い。1回の充電による航続距離が約160kmとリーフより短いが、発電用エンジンを積んだモデルだと300kmまで走行できる。

②炭素繊維の生産も水力発電で

　CFRPボディの生産工程は、実に地球を半周以上する距離を経て形になっている。日本の三菱レイヨン大竹事業所からBMWへ納入される炭素繊維原糸（プレカーサー）が最初に向かう先はアメリカである。ワシントン州郊外にあるモーゼスレイクには、炭素繊維の成型を得意とする独SGL社とBMWとが共同出資で設立した合弁会社「SGL Automotive Carbon Fibers」の工場がある。そこで原糸は焼結され、繊維へと加工される。BMWが自社グループで炭素繊維工場を保有するのは、この焼き加減に独自のノウハウがあるからだという。

　焼結後の繊維は、大西洋を渡りドイツへ上陸する。ミュンヘンの北に位置するヴァッカースドルフ工場に運び、そこでCFRPに加工、部品に成型したうえでライプチヒ工場に運び込み、車両に組み立てられるという流れとなっている。自動車メーカーが炭素繊維自体の生産から関わることが異例なだけに、BMWの決断は自動車業界の耳目を集めている。

　モーゼスレイクでの炭素繊維化工程では、必要な電力のすべてを隣接する湖からの水力発電で賄っている。炭素繊維は軽量のため、輸送時のCO_2

モーゼスレイクの水力発電所
(出所:SGL Automotive Carbon Fibers ホームページ)

排出量を抑制できる。これほどの長距離を輸送しても、水力発電の恩恵をフルに享受できる点で、自動車用の部材として炭素繊維は有効である。

モーゼスレイク工場で生産された炭素繊維は、EV以外の車種のドアや天井などにも利用され始めている。ただ、モーゼスレイクの炭素繊維工場やライプチヒ工場への投資額は、合計で約6億ユーロ(約840億円)と巨額だ。

③炭素繊維以外にもリサイクル材を使用

製造工程で廃棄されたCFRPはヴァッカースドルフ工場でリサイクルされ、再利用に回される。i3の生産過程では、これまで廃棄していた炭素繊維の6割を再利用してルーフ材の一部に充てている。シート材にも1台当たり27本分のペットボトルの再生材を利用したほか、内装材に使用する熱可塑性樹脂の25%を再生樹脂と再生可能資源由来としている。さらに、ルーフ材とフロアカバーに再生樹脂を使用している。

(3) BMWが進める革新的なエコカービジネス

①世界的に厳しくなる自動車の環境規制

それでは、なぜBMWのようにアウトバーンでの走行性能を重視した高

第4章 先行する海外のエコシティ化 **161**

級車メーカーが電気自動車ビジネスに傾斜していったのだろう。それを説明するには、地球温暖化防止に向けて世界的に厳しくなる自動車の環境規制に触れる必要がある。

2015年12月12日に歴史的な瞬間が訪れた。第21回国連気候変動枠組み条約締約国会議（COP21）は、世界中のすべての国が参加する2020年以降の新たな温暖化対策としてパリ協定を採択したのだ。1997年採択の京都議定書以来、実に18年ぶりのことだ。それだけ地球温暖化防止は世界的な課題であり、先進国に加え新興国でもCO_2排出量や燃費の規制強化が避けられない。世界のCO_2排出量規制は新興国も含めて、2020年に100g/km程度に収斂する見通しだ。

世界最大の自動車市場である中国では、2013年5月に中国版CAFE法が導入された。中国政府は、2020年までに乗用車の平均燃費性能を現行比で5割高めて、CO_2排出量を3割削減する狙いだ。2020年にリッター当たり21.3kmという先進国並みの燃費規制となる見通しで、中国で乗用車を販売している自動車メーカーは毎年、実際に販売した乗用車全体の平均燃費を計算し、政府が定める燃費基準を達成しなければならない。

中国以外の新興国も、おおむね同様の方針だ。各社は低燃費車種の販売割合を増やし、平均燃費を向上させる必要がある。エンジンの燃焼効率向上やクリーンディーゼルエンジン、小排気量直噴ターボエンジンなどにより、従来型の内燃エンジンの燃費性能は数年前とは比較にならないほど向上している。ただ、燃費・CO_2規制の厳格化に適合するには、ハイブリッド車（HEV）、プラグインハイブリッド車（PHV）、電気自動車（EV）の割合を高めることが欠かせない。そこで、先行する日本車メーカーのみならず、欧米車メーカーも、HEV、PHV、EVを中心に環境対応車の開発・販売を進めている。

②独自のプロジェクトで電気自動車をサブ・ブランド化

こうした中、BMWは2007年から少数精鋭の開発チームを立ち上げて

EVプロジェクトをキックオフした。その名も「プロジェクトi」。異なる視点や独創的な発想を引き出すため、プロジェクトメンバー選定には多様性をもたせた。集結したスタッフはデザイナー、エンジニア、財務と所属は分散している。共通点は、社外で起業あるいはフリーで働いた経験をもつことのみであった。

そして、EVを扱うサブ・ブランドとして、「BMWi」を立ち上げた。BMWiブランドは、車両そのものとカーシェアリングなどのサービスから構成されている。iブランドには現在、小型EVの「i3」と高級スポーツPHVの「i8」の2車種をラインナップしている。2013年にi3から発売し、2014年はi8と合わせて1年間で計17,800台を販売した。

③エコカーが勢揃いする東京モーターショーのBMWブース

2015年の東京モーターショーでBMWのブースに足を運んでまず驚いたことは、EVやPHVといったエコカーの多さだった。何とBMWは、BMW X5 xDrive40eと並んでBMW740e、BMW330e、eDriveテクノロジーを採用したBMW2シリーズアクティブツアラーのBMW225xeを導入し、大型車から小型車までの3つのセグメントにPHVを揃えたのだ。

BMWiの電動技術は、BMWブランドの最新モデルにも転用されている。東京モーターショーに出展されたすべてのBMWのPHVには、BMWi

2015年東京モーターショーでのBMWのエコカーの展示

向けに開発された技術として、モーター、パワー・エレクトロニクス、高電圧バッテリー、インテリジェント・エネルギー・マネジメントなどが搭載されている。また、大型セダンの新型7シリーズは、軽量化するためにCFRPを使用している。この技術も、BMWiの開発過程で蓄積されたものだ。

（4）日本車メーカーの取組み

①日本車メーカーが進めるエコ生産

　ここまでBMWの先進的な取組みをみてきたが、翻ってわが国の自動車メーカーはどうであろうか。いくつかの事例を紹介しよう。

　日産自動車はメキシコのアグアスカリエンテス工場で、調達する電力のうち5％をメタンガス事業者、45％を風力発電事業者から購入することで、2013年には同工場における再生可能エネルギー比率を50％まで高めている。また、本田技研工業は、ブラジルに100％出資子会社を設立し、2014年11月から自前で風力発電事業を開始した。風力タービン9機が設置されたこの拠点での年間発電量は、乗用車の年間生産台数約14万台分に相当する。

　ただ、こうした取組みは一部拠点にとどまっており、BMWのグループ挙げての全世界での展開と比べて、見劣りするといわざるをえない。

②トヨタがエンジン車ゼロ、工場CO_2ゼロ宣言

　そんな中、業界のリーディングカンパニーであるトヨタ自動車が追撃ののろしを上げた。2015年10月に、「2015環境フォーラム」を開催し、「トヨタ環境チャレンジ2050」を発表した。私は会場でその内容を聞いて驚いた。35年後の2050年までにエンジンだけで走る自動車の販売をほぼゼロにするというのだ。これは、世界で販売するほぼすべてのクルマを50年までにFCV、HEV、PHV、EVにすることを意味する。極めて革新的な長期目標宣言である。トヨタは、100年先を見据えた年輪経営を実践していると

確信した。

　「トヨタ環境チャレンジ2050」では、クルマのもつマイナス要因はもちろん、気候変動、水不足、資源枯渇、生物多様性の劣化など、地球環境問題全般に取り組んでいく。「６つのチャレンジ」を掲げて、「トヨタ環境取組プラン」を５年ごとの実行計画、マイルストーンとして実施する。

　「６つのチャレンジ」の中には、「工場CO_2ゼロチャレンジ」が含まれる。CO_2排出を低く抑える生産技術の開発・導入と日常のカイゼン活動により徹底的にCO_2を削減する。また、今後建設する新たな工場と生産ラインでは、2020年までにCO_2排出量を半減し、2030年には３分の１へ削減する方針だ。

　再生可能エネルギーも活用していく。愛知県の田原工場に2020年頃を目指して大型の風力発電設備を新設する計画だ。高性能の風車を最大で10基設置し、工場で使う電力の一定量を賄う。自動車メーカーが国内の工場で本格的な風力発電に取り組むのは実にはじめてのことだ。トヨタは田原工場の消費電力量を明らかにしていないが、実現すれば相当程度を風力発電で補えそうだ。また、2015年からはブラジル工場でも風力、バイオマス、水力といった再生可能エネルギーで生産に必要な電力のすべてが賄われている。

以上、BMWをはじめとする自動車メーカーの事例を中心に、工場で使用するエネルギーミックスの変化、特に再生可能エネルギーへの転換を中心に述べてきた。今後、すべての自動車メーカーが再生可能エネルギーを積極的に利用していくとともに、自動車以外の産業でもこうした流れが加速していけば、持続可能な社会の実現が一歩近づくに違いない。それには、各国政府が地球温暖化防止政策をこれまで以上に強化していくことが欠かせない。

第5章

地域のエネルギーミックス
市民発電事業の進め方

<table>
<tr><td>**1**</td><td>**シンプルで収支の合う事業計画書の つくり方**</td></tr>
</table>

（1）市民発電事業に不可欠な事業計画書

エネルギーミックスを各地域で実現するうえでは、地域の市民自身がいきいきと主体的に活動することが不可欠である。そうした地域の市民が自分たちの手で、太陽光・小水力・風力等の自然エネルギー事業を行う市民発電事業（市民・地域共同発電所、ご当地エネルギー（コミュニティパワー）などという場合もあるが、本章では同義）が全国各地で生まれている。

これから市民発電事業を起こす場合、避けて通れないのが事業計画書づくりである。事業計画書というと、「状況はどんどん変わるから、形式的な事業計画書はいらない」、「助成金の申請や金融機関からの借入れ時には、事業計画書は人に頼んで形式だけ整えてもらえばいい」という見方もあるかもしれない。実際、起業家の体験談を聞くと、事業計画書はつくらず、ひたすら突っ走る中で事業を形にしたという人もいる。しかし、筆者は以下の4つの理由で、自分たちの言葉で事業計画書をつくることが、市民発電事業には特に必要と考える。

①協力者（出資者、自治体、企業等）との思いの共有

第1に、資金を出してくれる人や協力してくれる人と、市民発電事業に向けた思いを共有するためである。少なくとも何のために市民発電事業を行うかを明らかにしたうえで、事業がきちんと実行できることを示さないと、外部の人は協力のしようがない。また、人につくってもらった事業計画書では、説明の時に迫力が出ない。

②市民発電事業について考えてきた記録の集約と練り直し

一般の起業では1人で始める場合も多く、起業家の頭の中がまとまっていれば、文書にした事業計画書がなくても大丈夫な場合もあるだろう。しかし、市民発電事業は思いを共有する仲間が核となって進めるので、考え

てきた記録を事業計画書にまとめておかないと、あとから仲間になった人はわけがわからないし、毎回のミーティングの議事録を読み起こすのは大変である（そもそも議事録自体ない場合も、経験上多い）。事業計画書として文書にまとまっていれば、はじめて会合に来た人も市民発電事業の全体像を一読して把握できるし、事業を進める中で考えたことをその都度追加・修正すれば、最新情報をメンバーで共有できて便利である。

③作業のスケジュール化

事業計画書にやるべきことをスケジュール化しておけば、作業の進捗をチェックして、遅れていればカバーする方策を打てる（いわゆるPDCAサイクル（計画→実行→評価→改善）を回すことにもなる）。

④助成金申請等の手間の削減

助成金申請や融資を受ける際にも、事業計画書から情報を引っ張ってきて埋めればよいので、一から考えるより簡単につくることができる。

（2）一般の創業計画書よりシンプルな事業計画書

では、事業計画書には何を書けばいいのか。市民発電事業を起こすのも創業の1つだが、創業といえば、国がこの数年、創業を促進するために、創業・第二創業促進補助金を出している。この補助金を申請する際に添付する創業計画書には、**図表5－1－1**に示した項目を書かなければならない。

一般の創業であれば、このうち（2）の①～③をつくり込むことに頭を悩ませることになる。創業補助金を出す立場からすれば、創業者が競争力のある製品や商品、サービスを生産できて、売上を確保し、新たな雇用を生み出すほどに成長できるかを見極める必要があるし、創業融資を出す金融機関としても、売上の見込みが立たなければ融資金を回収できないからである。

しかし、市民発電事業の場合はビジネスモデルが極めてシンプルである。売るべきものは基本的には電気であり、売上の過半は売電収入であって、しかも販売先は電力会社ないし自家消費にほぼ限られるからである。

第5章　地域のエネルギーミックス　市民発電事業の進め方　**169**

図表５－１－１　創業・第二創業促進補助金における創業計画書の項目

（１）応募者の概要 　①応募者（氏名、生年月日、住所、創業直前の職業、事業経験、職歴） 　②実施形態（開業・法人設立日、（NPO法人の場合）特定非営利活動の種類、事業実施地（予定地）、主たる業種、資本金または出資金、株主または出資者数、事業形態、役員・従業員数、事業に要する許認可・免許等）
（２）事業内容 　①事業の具体的な内容（フランチャイズ契約の有無を含む） 　②本事業の動機・きっかけおよび将来の展望 　③本事業の知識、経験、人脈、熱意 　④本事業全体に係る資金計画（新事業の立ち上げ（準備から補助事業期間の終了までの間）に必要なすべての資金と調達方法） 　⑤事業スケジュール 　⑥売上・利益等の計画
（３）ビジネスプランコンテストの受賞や他の補助金等の実績説明
（４）経費明細表

出所：「平成27年度創業・第二創業促進補助金事業計画書『創業』」ひな型より筆者作成

　したがって、市民発電の事業計画書は、一般の創業計画書に比べて相当シンプルにすることが可能である。具体的には、①ミッション・ビジョン、②事業概要、③収支見通し（予想資金繰り表、予想貸借対照表・損益計算書）、④行動スケジュールの４点が明確であればよい。

（３）ミッション・ビジョンで思いを精一杯伝える

　市民発電事業を行うからには、それなり以上の思いを当事者はもっているはずである。この思いを共有化することが、事業の大前提となる。

　ただ、思いを分解していくと、「それで世界をいかに変えたいか」、「そのために何をやってどのような効果を出すか」の２層に分かれてくるはずである。市民発電事業に限らず、市民活動やソーシャルビジネスでは、前者をミッション、後者をビジョンと呼ぶ。両者に一貫性がないと、外部の人は混乱してしまうので、コアメンバーで話し合いながら共通認識をつくって、ミッションとビジョンを言葉にする必要がある。

図表5－1－2　ミッションとビジョンの対応の例

ミッション	ビジョン
エネルギー構造の転換	産み出した電力により、既存の電力会社への依存を減らすこと（自家消費、新電力への販売、グリーン電力証書の発行等）
エネルギーの自給	産み出した電力を売電ではなく、自家消費ないし地域で使うこと
自然エネルギーへの関心を高める	市民発電事業による実証効果のアピール（セミナー開催、環境教育等）
地域の活性化	産み出した電力ないし売電収入の地域還元、市民発電事業による雇用の創出等

（4）事業概要を具体的に書く

　事業概要は、一読して事業の全体像がわかるものである必要がある。具体的には、以下の項目を書いていくことになる。

　①事業の名称

　②事業主体の名称（法人形態を含む）

　③代表者、主要メンバー（自治体、企業等があれば含む）

　④発電の種類

　⑤発電所の立地と不動産の所有者

　⑥発電設備

　⑦事業期間

　⑧総事業費

　⑨売電先

　⑩主な資金調達方法

　⑪リスクへの対応

　⑫役員（ないしコアメンバー）のプロフィール

（5）収入と支出を検討する

　収支見通し（予想資金繰り表、予想貸借対照表・損益計算書）を立てる前

第5章　地域のエネルギーミックス　市民発電事業の進め方　**171**

段階の作業として、自団体の市民発電事業でどのような収入・支出があるかを想定しておく必要がある。事業収入は売電収入（固定価格買取制度によるもののほか、今後は新電力への売却も考えられる）、自家消費収入（設置場所のオーナーが自家消費した電力の料金見合い分を収入に繰り入れる）が大半であるが、市民発電設備を活用した環境教育イベント等による収入も考えられる。

　また、市民発電特有の支援系収入として、寄付、会費（NPO法人では月極めで会費・寄付をクレジットカード等で徴収するマンスリーサポーター制度も行われており、安定収入確保に有益である）、クラウドファンディング収入（ここでは、お礼と引き換えに支援金を募る購入型を想定）、行政・財団等からの補助金・助成金等が考えられる。

　支出としては、初期投資として発電設備および周辺設備設置費用、オーナーへの権利金・礼金、各種調査・コンサルティング費用等が考えられる。

　もちろん、設置後も放置すればよいわけではない。日常的なメンテナンスコストのほか、保険料（リスクをどの程度見積るかによる）、修繕費、撤去費、地代、監視装置の費用等が予想される。加えて、事業に関する事務を回し、各方面からの支援を募って維持するための各種事務局支出（通信費、会議費、人件費、旅費交通費、印刷費、Webサイト関係費用、クラウドファンディングのお礼見合い費用等）も想定しておかなければならない。

　注意が必要なのが税金で、固定資産税のほか、市民発電事業も収益事業なので、NPO法人であっても法人住民税・法人事業税等が課せられることがある。特に小規模な市民発電事業にとっては、法人住民税均等割の年間7万円の負担が案外重い。この7万円の負担を避けようとすると、事業ではないふりをしなければならず、その結果、仕組みが複雑でわかりにくく、周囲からはどこかごまかしがあるように誤解されかねない。

　こうした事業に係る収入・支出のほか、資金調達に関する収入と支出も考えておく必要がある（会計上は収益・費用にならないものもあるが、現金

図表 5 − 1 − 3　市民発電事業で想定される収入と支出

事業収入	売電収入、自家消費収入、イベント収入等
支援系収入	寄付、会費、マンスリーサポーター、クラウドファンディング収入、補助金・助成金等
初期投資支出	発電設備および周辺設備設置費用、オーナーへの権利金・礼金、各種調査・コンサルティング費用等
事業運営支出	メンテナンスコスト、保険料、修繕費、撤去費、地代、監視装置の費用等
事務局支出	通信費、会議費、人件費、旅費交通費、印刷費、Webサイト関係費用、クラウドファンディングのお礼見合い費用等
税金	固定資産税、法人住民税、法人事業税、印紙税等
資金収入	出資金、銀行借入れ、役員借入れ、出資型市民ファンド、少人数私募債、市民債券
資金支出	銀行への元利金返済、出資型市民ファンドの配当、少人数私募債や市民債券の利息と元本返済等

ベースでは収入・支出として考える）。銀行借入れであれば毎月の元利金の支払いがあるし、出資型市民ファンドなら配当金の支払い、少人数私募債や市民債券なら金利支払いが必要である。出資を受けた金額や借りたお金を返済するための資金もプールしておかなければならない（各種資金調達手段の詳細については、第5章−3参照）。以上をまとめると、図表5−1−3のようになる。

（6）収支見通しを立てる

　ここまででどのような収入・支出が想定されるか明確になれば、次に必要な作業は予想資金繰り表の作成である。

　会計上の予想貸借対照表・損益計算書作成より予想資金繰り表の作成を先行させるのは、日常の事業運営では、現預金（文字通りの現金のほか、預金口座にある資金も現金と同様に考え、現預金と呼ぶ）ベースでの収支を回すことが最優先だからである。たとえば、補助金や助成金は精算払い（後払い）であることが多く、補助金や助成金が入るまでに出ていく支出に見合っ

第5章　地域のエネルギーミックス　市民発電事業の進め方　**173**

図表５－１－４　資金繰り表のイメージ（各項目は例）

	2016/4	2016/5	2016/6	2016/7	…
事業収入					
売電収入					
支援系収入					
寄付					
初期投資支出					
発電設備費用					
調査費用					
事業運営支出					
メンテナンス費用					
事務局支出					
通信費					
事業収支①					
資金収入					
銀行借入れ					
資金支出					
元利金支出					
資金収支②					
前月現預金繰越					
総収支（①＋②）					
現預金残高					

た現預金がないと支払いができなくなってしまい、ただちに倒産しないとしても、信用を失ったり事業がストップしたりする危険があるからである。

　具体的には、月次でどのような収入・支出があるか見積り、現預金がどれだけ増減するかを資金繰り表の形でシミュレートしてみると、イメージをつかみやすい。現預金が足りないことが想定できれば、別途資金調達を考えて、現預金の不足を補う必要がある。

　予想資金繰り表ができたら、必要に応じて専門家（税理士、公認会計士等）の助けを借りて、予想貸借対照表・損益計算書を作成する。たとえば、銀行借入れは現金ベースでは収入だが、会計上は負債の増加と現預金の増加

になるように、現金ベースと会計では扱いが異なる場合がある。また、現金があっても借金まみれでは困るので、会計ベースできちんと損益が見合っているかどうか、予想貸借対照表・損益計算書の形で確認する。ここまでできれば、外部に説明する際も、市民発電事業の収支と損益が回ることを理解してもらいやすくなるだろう。

（7）スケジュールの明確化と厳守

最後に必要なのが、市民発電事業を立ち上げ、運営し、支援を募るためのタスクを書き出し、スケジュールとして一覧できるようにすることである。

スケジュールをつくる際は、周囲の目を気にして無理な見積りを立てるのではなく、必ずやりきることを前提に、無理のないスケジュールを組むことが大切である。とはいえ、想定外のことが起こり、決めたスケジュールを守れなくなる可能性もある。その時は、必死にリカバーしなければならない。そうして信頼を守ることが、市民発電事業を持続可能にすることにつながる。

2　補助金・助成金等を有効に活用

（1）補助金・助成金・委託事業活用のメリット・デメリット

　エネルギーミックスの推進が社会全体の課題となっている現在、国、自治体、財団等がエネルギーミックスを推進するための各種施策（補助金・助成金・委託事業、以下、「補助金等」）を設定している。

　補助金等は大きな金額がまとめて入る点などで有益である一方、国等から給付される資金であることに伴う各種リスク要因（デメリット）もある。しかし、メリット・デメリットをわきまえて利用すれば、市民発電事業に勢いをつけることができる。

（2）国（経済産業省）の施策

　経済産業省は、2016年度の資源・エネルギー関係施策のポイントとして、福島復興の加速に向けて全力を傾注しながら、長期エネルギー需給見通し（エネルギーミックス）の実現とシステム改革の実行に取り組むことを掲げている。

　この視点に立った経済産業省の2016年度資源・エネルギー関係予算のう

図表５－２－１　補助金・助成金・委託事業のメリット・デメリット

メリット	デメリット
①大きな金額がまとめて入る	①依存しがち（独立性が失われがち）になる危険性がある
②助成元法人以外の資金面以外のさまざまな支援が得られる	②継続性が約束されていない
③信用力の補完になる	③使途が制限されがちで、自由な発想で使うことができない
④新しい事業をスタートするうえでのリスクを軽減してくれる	④人件費などに使えず、助成金を多くとることで、かえって「助成金貧乏」に陥りやすい

ち、市民発電事業者にとって活用可能性が高い事業は、図表５－２－２の通りである（筆者が調査した限り、環境省等、他省庁の施策には、市民発電事業に有用なものは見当たらなかった）。

図表５－２－２　経済産業省関係の2016年度予算のうち
市民発電事業者が活用できる可能性のある事業

施策名	施策の概要、予算額
新エネルギー等導入促進基礎調査委託費	概要：①国内における新エネルギーの開発・導入のための賦存量、制度的課題、制約要因の調査等、②国内における省エネルギー推進のための基礎調査・分析等について、民間企業等に委託調査を実施 予算額：3.0億円
新エネルギー等設備導入促進事業委託費	概要：新エネルギー導入に係る意義および促進策等の制度に関する情報を事業者および国民各層に提供する事業の委託。特に2016年度からは、再エネまちづくりワークショップや見学会等の実施により、地域住民をはじめとしたステークホルダーの合意形成事業も展開 予算額：9.8億円 （筆者注：筆者は市民発電事業そのものではなく、事業者が行う環境教育等への活用を想定している）
水力発電事業化促進事業費補助金	概要：水力発電は事業開始前の長期にわたる調査が必要であり、開発事業者の大きなリスクとなっているとともに、開発にあたっては、地域の理解、協力を得ることが不可欠なので、これらを支援して水力発電の事業化を推進 補助対象：水力発電について、①事業化に必要な流量調査・測量・地質調査・設計等の実施支援、自治体等による事業化の推進支援、技術者育成、技術情報の収集、②地域住民の水力発電への理解を促進する事業 補助率：①は２分の１（地方公共団体は定額）・委託、②は定額 予算額：10.5億円
バイオマスエネルギーの地域自立システム化実証事業	概要：バイオマスエネルギー導入にあたって必要な経済的に自立したエネルギー利用システムに関して、導入要件・技術指針と具体的な事業モデルを明確化するための委託事業 補助率：３分の２ 予算額：10.5億円

第５章　地域のエネルギーミックス　市民発電事業の進め方　*177*

再生可能エネルギー 事業者支援補助金	概要：民間事業者が実施する木質バイオマスや地中熱等を利用した熱利用設備や、自家消費向けの木質バイオマス発電・太陽光発電等の発電システム、蓄電池の導入に対して補助を行い、地域における再生可能エネルギー利用の拡大を加速 補助対象：再生可能エネルギー利用設備の導入（固定価格買取制度で設備認定を受けないもの） 補助率：民間事業者のみで行う場合は3分の1、民間事業者が自治体との連携・指定等を受けて行う事業は3分の2 予算額：48.5億円
地産地消型再生可能 エネルギー面的利用 等推進事業費補助金	概要：地域の実情に応じ、再生可能エネルギー等を利用した先導的な地産地消型エネルギーシステムの導入を支援することにより、地域における分散型エネルギーの有効活用を推進 補助対象：①事業化可能性調査の実施や事業計画の策定、②再エネ等発電設備、熱利用設備、蓄電・蓄熱設備、エネマネシステム、自営線・熱導管、その他付帯設備の面的導入（固定価格買取制度で設備認定を受けないもの） 補助率：①は定額、②は2分の1ないし3分の1 予算額：45.0億円

出所：経済産業省Webサイトより筆者作成

　これらのうち、有用性が高そうな事業が2つある。1つは、地産地消型再生可能エネルギー面的利用等推進事業費補助金である。補助対象設備は固定価格買取制度の認定を受けない設備のみではあるが、45億円の予算規模であり、地産地消型のエネルギーシステムを地域ぐるみで実現しようとする市民発電事業者には、活用の可能性が高い施策である。

　もう1つは、再生可能エネルギー事業者支援補助金である。これも固定価格買取制度の認定を受けない設備のみが対象だが、発電システム等の導入そのものに対する補助金であるため、使い勝手の良い制度となることが期待される。予算額が48.5億円と大きく、自治体との連携による事業では補助率が3分の2と高いことも、活用のポイントである。

図表5－2－3　地産地消型エネルギーシステムのイメージ

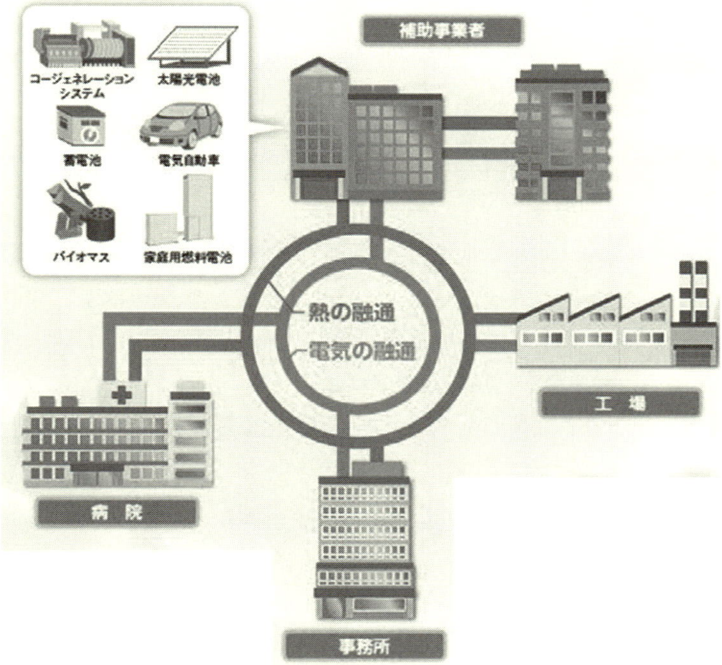

出所：経済産業省Webサイト

（3）自治体・財団等の助成金

　市民発電事業は、エネルギーの地産地消を目指すことで、コミュニティの活性化とエネルギー・資金・人材等の地域内循環に寄与できる。そのため、各自治体では、市民発電事業に焦点を当てて補助金を創設する例が増加している。市民発電事業を計画する際には、発電所を設置する自治体が補助金制度を設けていないか確認すると有用である。

　また、一般社団法人新エネルギー導入促進協議会等、市民発電事業者に助成を行う団体もあるので、情報収集をすると有用である。

図表 5 － 2 － 4　自治体の市民発電事業向け助成金（2015年度募集事例）

自治体	制　度　名
福島県	再生可能エネルギー発電設備等導入基盤整備支援事業費補助金（福島県再エネ復興支援事業）
埼玉県	市民共同太陽光発電事業補助制度
長野県	自然エネルギー地域発電推進事業
滋賀県	滋賀県市民共同発電事業補助金
埼玉県川口市	かわぐち市民共同発電所設置事業
京都府京丹後市	京丹後市再生可能エネルギー導入促進支援補助金

（4）補助金・助成金を利用する際のポイント

　ここまで述べてきた補助金・助成金等を利用する際に気をつけるべきポイントは、次の通りである（以下は、『認定ファンドレイザー必修研修テキスト』（日本ファンドレイジング協会）の記述を筆者が市民発電事業向けにアレンジしたものである）。

①補助金等の必要性を考える

　補助金等にはメリットの反面リスクもあるので、その補助金等が市民発電事業にとって本当に有益かよく検討する。

②施策情報を集める

　補助金等は募集期間が短い場合もあるので、受けたい補助金等の情報をまめにチェックする。具体的には、補助金等を出している組織（経済産業省・自治体・財団等、以下、「募集元」）のホームページ確認、メールマガジン購読、補助金等の名称での「Googleアラート」設定などが有用である。

③相手を理解する

　補助金等の募集要項を読み、過去に補助金等を受けた実績がある団体を知っていればヒアリングし、説明会があれば参加し、可能なら募集元の担当者に疑問点を問い合わせるなど、補助金等の実態を情報収集する。

④**相手に合わせる**

　申請書を書くときは、補助金等の意図に合った中身にすることを最重点にする。書式・添付書類・記述量・提出期限等は、募集要項を必ず守る。

⑤**相手と仲良くなる**

　募集元の担当者から追加情報を求められたときは期限を守って出す、補助金等の決定後、さらに事業終了後も定期的に連絡をとるなど、募集元と緊密な関係を保つ。

⑥**無理をしない**

　補助金等の申請金額は余裕をもって設定し、可能なら一般管理費（人件費等）も計上し、「補助金貧乏」を防ぐ。

⑦**あきらめない**

　補助金等の公募に落ちても落ち込まず、可能なら落ちた理由を聞く（アドバイスしてくれる場合もある）。

⑧**不正会計をしない**

　領収書を偽造するなどして、無理に補助金等の一部を人件費などのために浮かそうとしないこと。これは、詐欺である。

3 市民ファンド・私募債・市民債券・クラウドファンディングで手づくり資金調達

（1）市民発電事業特有の資金調達の課題

　市民発電を進める際に必ず直面するのが、資金調達の問題である。天候等による変化はあっても、固定価格買取制度により、市民発電の事業収入は安定しているように見えるが、思わぬアクシデントに見舞われる（例：風車が突風で折れて近隣の建物を破壊する、太陽光パネルが台風で吹き飛ぶ、太陽光パネルを設置した建物の持ち主が変わり、パネルの撤去を迫られるなど）リスクもあるし、政策変更によって収入が変動する政策リスクもある。そのため、市民発電は金融機関からの融資を必ずしも受けにくく、十分な寄付や助成金を得られない場合もある。

　また、市民発電は単なる電力事業だけでなく、環境問題に対する運動や顔の見えるコミュニティづくりの側面もある。そのため、市民発電事業者は次の条件を満たす資金調達手段を求めてきた。

　①支援者から直接資金を集められること

　②運動のプロモーションとして、他の業者を介さず、自分たちの手で幅広く集められること（自己募集）

　③低額でも金銭的リターンが出せること

　④事業に必要な大きな金額を集められること

　⑤参入が容易である（業者登録等がいらない）こと

　⑥スキームが簡単であること

　⑦募集のコストが低いこと

　⑧非営利組織でも募集できること

　⑨法的にクリアであること

　こうしたニーズに対応するため、市民発電事業者は支持者からの顔の見える資金調達を行ってきた。いわば、手づくり資金調達である。ここでは、そ

の手法として比較的よく用いられる少人数私募債・市民債券、出資型市民ファンドの２種を取り上げ、今後有望な手法として、購入型クラウドファンディングを紹介する。

（２）少人数私募債・市民債券（疑似私募債）による資金調達

　少人数私募債とは、会社の資金調達手段である社債の一種で、募集人数49人未満・49口未満、一定期間の募集金額１億円未満などの条件を満たせば、一般の社債発行のような煩雑な条件がなく、当事者間の契約のみで事業資金の借入れができるものである。この手法は金融機関からの借入れが難しい中小企業の資金調達手段としても広く用いられている。しかし、少人数私募債は会社法上の制度なので、会社以外（NPO法人、一般社団法人等）は利用できない。

　そこで、市民発電等のソーシャルビジネスで広く利用されてきたのが、市民債券（疑似私募債）である。市民債券について、筆者は「主に非営利のソーシャルビジネスが、社債を発行するかのように、均一の条件で組織内外の多数の者から金銭を借り入れること」と定義している。「債券」と名づけているが、本質的には関係者からの借金（金銭消費貸借契約）の束である。市民債券による借入れの際、「○○債」と称した紙片が貸し手に手渡されるが、これは有価証券ではなく、金銭消費貸借契約（ないし貸出金の受取等）を証明するものにすぎない。

　少人数私募債・市民債券の資金調達手段としてのメリット・デメリットをまとめると、図表５－３－１のようになる。特に貸し手が応援団になり、ネットワークの力を可視化できることは大きなメリットであり、金融機関など外部の関係者にも、市民発電事業者が市民の絆に支えられていることをアピールできる。また、貸し手が応援団として有形無形のサポートをしてくれるのは、まさに手づくり資金調達の醍醐味である。

　少人数私募債・市民債券を活用するポイントであるが、筆者のコンサル

図表5－3－1　少人数私募債・市民債券のメリット・デメリット

メリット	デメリット
①担保や保証人が不要	①必要な額を機動的に調達できるとは限らない
②金利が安い（無利息も可能）	
③資金調達の条件を柔軟に決められる	②リスクが借り手に集中する
④自分たちで資金を直接集めるという充実感がある	③債務不履行になればネットワークが崩壊する
⑤ネットワークの力を可視化できる	④償還資金確保の必要がある
⑥貸し手が応援団になってくれる	⑤事務の手数がかかる
	⑥（市民債券は）法的な位置づけが不安定

ティングや実務者へのヒアリング経験等を踏まえ、以下の点を挙げたい。

①顔の見える範囲で借り入れること（特に市民債券の場合は、不特定多数からの借入れとの誤解を招かないためにも重要である。ホームページ等に借入れ募集を掲載するのも好ましくない）

②単純な借金であることを明確にすること（「出資金」、「建設協力金」、「配当」など、誤解される言葉は使わない。また、金利を事業成果に比例させるなど、ファンドまがいの仕組みは避ける）

③借入れの際、可能な限り事業計画書を添付すること（第5章－1で述べたような事業計画書があればベストだが、収支の見込みだけは必ず添付する）

④使途を明確にして、その通りに借りた資金を使うこと（使途が不明確だと、預り金と誤解される）

⑤高金利をつけないこと（高金利をつけると、事業目的に共感した人ではなく金利目当ての人が来てしまう。関係者が納得するなら無金利も可だが、無金利でお礼の品を渡すというやり方は、お礼相当の金利とみなされるので注意が必要）

⑥貸し手の名簿をつくり、可能なら随時事業の様子を報告すること（名簿は借入れの存在の重要な証拠になる。また、事業の様子を報告することは貸し手を安心させ絆を深める）

（3）出資型市民ファンドの活用

　少人数私募債や市民債券、金融機関借入れで事業資金を借りる場合、借り手は事業が失敗しても、借りたお金は（破産などしない限り）返さなければならない。つまり、事業失敗のリスクは借り手に集中する。市民発電では、前述の通り思わぬアクシデントの可能性があるにもかかわらず、事業失敗のリスクをすべて借り手が負うのは酷である。出資であれば、事業が失敗した場合でも、出資額等に応じて出資者もリスクを分担することができる。こうした点も含め、市民発電では出資型市民ファンドが広く使われてきた。

　出資型市民ファンドとは、集団投資スキーム（出資者から広く出資金を集める仕組み）を利用して、市民から志ある出資金を集め、これを社会性ある事業に投資する市民のプロジェクトファイナンスのことで、寄付や助成金を仲介する市民ファンドと区別する意味で、「出資型」と名づけている。出資型市民ファンドは、2001年、初の市民風車「はまかぜ」ちゃんによって注目を浴び、その後市民発電で広く利用されるようになった。

　出資型市民ファンドのスキームとしては、簡便で有限責任（出資額以上のリスクを負わない）ことから、商法上の匿名組合が広く用いられてきたが、現在では、信託会社を利用するタイプ、LLP（有限責任事業組合）を利用するタイプなど、さまざまな形態のものが生まれている。

　しかし、出資型市民ファンドには制度上の大きな難点として、集団投資スキームでファンド出資を集め、1円でも（お礼の品でも）配当を出す場合には、金融商品取引法上の第2種金融商品取引業者として登録するか、第2種金融商品取引業者に出資募集を代行してもらわなければならないという規制がある。この規制に対応するには次の①〜④のやり方があるが、それぞれ一長一短である。なお、金融商品取引法の規制強化により、これまで市民発電事業の一部で用いられてきた「適格機関投資家等特例業務」は、事実上利用不可となった。

第5章　地域のエネルギーミックス　市民発電事業の進め方　**185**

図表５−３−２　出資型市民ファンドの基本スキーム（匿名組合を使う場合）

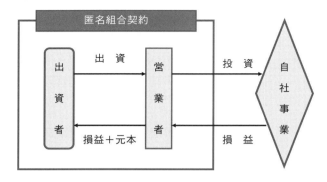

出所：環境省「市民出資・市民金融実践者のためのファンド設立マニュアル」（匿名組合契約による市民ファンドの設立編）p.96

①**自ら業者登録する**

　金融経験者を含めた業務体制、資本金1,000万円などの要件があり、登録に時間を要することなどから、小規模な市民発電事業者には現実的ではない。

②**出資募集の代行**

　小規模な市民発電事業者には手数料負担が重く、自ら募集できないこともデメリットとなる。

③**LLP（有限責任事業組合）の利用**

　金融商品取引法の対象外だが、出資者のすべてが何らかの役割を担って事業にかかわる必要があるため、幅広い出資募集には不向きである。

④**無配当出資**

　金融商品取引法の対象外だが、経済的リターンを一切出せないのが難点である。

　比較的大規模な市民発電であれば、業者に募集代行を依頼しても手数料分をまかなえるが、小規模な事業者だと難しい。現在の状況では、小規模事業者が自ら募集を行える手軽な出資型市民ファンドのスキームは存在しないと

言わざるをえず、制度的手当が必要だが、筆者としては、配当を出せないことでこれまで市民発電事業者からは敬遠されてきた無配当出資にもう少し目を向けるべきと考える。

無配当出資では確かに配当は出せないが、金融商品取引法の適用除外であることは大きなメリットである。配当が出せないと出資が集まらないという懸念もあるとは思うが、市民発電事業では出資型市民ファンドで想定される配当自体低率（数％程度）であり、配当見合い分を地域に還元することで納得を得れば、十分な出資を集められる可能性は大きいのではないだろうか。

（4）購入型クラウドファンディングという手法

インターネット上で人々から資金を集める仕組みであるクラウドファンディングには、大きく分けて以下の3つがある。

- ・寄付型：純然たる寄付の仲介で、資金拠出者にリターンはない。「Give-One」、「JapanGiving」などが代表的
- ・購入型：拠出した金銭は戻らないが、リターンとして商品、サービスが提供される。寄付に近いものだけでなく、映画やゲームの制作、新商品のテストマーケティングなどにも使われる。「READYFOR?」、「Makuake」などが代表的
- ・投資型：ファンド出資、借入れ、株式購入などを仲介するタイプで、資金拠出者に金銭的リターンがある。仲介する金融商品のタイプによって、株式型、借入れ型などに細分することもある。「セキュリテ」、「maneo」などが代表的

エネルギーの地産地消を目指す市民発電にとって、購入型クラウドファンディングは出資型市民ファンド等のような煩雑さがなく、地域性豊かなお礼を出せる点で魅力的である。手数料はかかるものの、資金のやりとり等の手間が省け、一から寄付募集のWebサイトをつくらなくてすむ点もメリットで

ある。

購入型クラウドファンディング利用のポイントは次の通りである。

①業者の選定

購入型クラウドファンディングの業者は多数あるが、手数料、顧客フォロー（コンサルティング・拡散支援等）、得意分野等で違いがある。各業者の特徴をつかみ、適切な業者を選定する。

②目標金額の設定

購入型クラウドファンディングでは、オールオアナッシング（目標金額未達の場合には１円ももらえない）が一般的である。また、お礼のコストと手数料を考慮すると、事業者に残るのは募集金額の６割程度とされる。最初に低めの金額を設定して、達成したらもう一段階高い目標を設ける（ストレッチゴール）ことも効果的なやり方である。

③お礼の選定

先行事例を参考に、地域の特色あるお礼でアピール度を高める。商品だけでなく、視察ツアーへの招待、代表者の無料講演などのサービスも考えられる。

④募集期間の設定

あまり長くしすぎても効果が薄くなる。30～45日程度の募集期間が一般的である。

⑤Webページの設定

アピールしたいポイントを最初に端的に述べ、代表者の動画メッセージを入れるなど工夫したい。

⑥拡散の工夫

募集開始時に一気に拡散し、定期的にアップデートしながら募集期間の残り数日で一気に引き上げて目標に達するよう、情報を拡散する媒体・ツールを準備しておく。

（5）地域の金融機関・NPOバンクとの関係づくり

　ここまで、市民発電事業にとっての手づくり資金調達の手法について述べてきたが、特にこだわりがなければ、地域の金融機関（信用金庫等）にも口座をつくり、創業のあいさつをするなど、コミュニケーションをとっておくと有用である。市民発電事業のためのアドバイスや情報をもらえる場合もあるし、将来融資を受ける際にもスムーズな対応が期待できる。

　また、市民の出資でソーシャルビジネス等に融資するNPOバンクが存在する地域もある。NPOバンクによっては、地域の金融機関以上に親身な対応をしてくれる場合もあるので、市民発電事業を開始した際には、連絡をしておくとよい。

［参考文献等］

序章－3

資源エネルギー庁「なっとく！再生可能エネルギー」（http://www.enecho.meti.go.jp/category/saving_and_new/saiene/）

同FIT公開情報（http://www.fit.go.jp/statistics/public_sp.html）

NEDO「NEDO再生可能エネルギー技術白書」（1章、2章、3章）

NEDOライブラリDB（http://www.nedo.go.jp/library/）

第1章－2

NEDO「NEDO再生可能エネルギー技術白書」（3章、9章）

JWPA風力発電ロードマップ（http://jwpa.jp/pdf/50-32roadmapV3.2.pdf）

●取材協力：苫前町、羽幌町、天塩町、幌延町、豊富町、稚内市（および各自治体のホームページを参考にした）、北海道新聞

第1章－3

弘和電材社ホームページ（http://www.kowagroup.co.jp/）

資源エネルギー庁「なっとく！再生可能エネルギー」（http://www.enecho.meti.go.jp/category/saving_and_new/saiene/kaitori/）

第1章－4

土湯温泉観光協会ホームページ（http://www.tcy.jp /）

つちゆ温泉エナジー株式会社作成資料 「土湯温泉町の復興再生と再生可能エネルギーへの取り組み」、「土湯温泉16号源泉バイナリ―発電所」

第2章－1

山梨県エネルギー局ホームページ（https://www.pref.yamanashi.jp/energy/index.html）

山梨県都留市ホームページ（http://www.city.tsuru.yamanashi.jp/forms/top/top.aspx）

山梨県北杜市ホームページ（https://www.city.hokuto.yamanashi.jp/komoku/shisei/ondanka/1305554633-38.html）

北杜市村山六ヶ村堰水力発電所パンフレット

第2章－2

千葉県夷隅郡大多喜町ホームページ（http://www.town.otaki.chiba.jp/）

株式会社新工法開発研究所ホームページ（http://www.nedkof.co.jp/）

株式会社関電工ホームページ（http://www.kandenko.co.jp）

全国小水力利用促進協議会ホームページ（http://j-water.org/news 1 ）

電気新聞ホームページ（http://www.shimbun.denki.or.jp）

千葉日報新聞社ホームページ（http://www.chibanippo.co.jp）

全国小水力利用推進協議会編「小水力発電事例集2014」

●取材協力：千葉県夷隅郡大多喜町環境水道課、株式会社新工法開発研究所、株式会社関電工戦略事業本部開発事業部

第2章－3

横浜市経済環境局ものづくり支援課「横浜市中小製造業技術実態調査報告書（平成23年3月）」（http://www.city.yokohama.lg.jp/keizai/shien/sbir）

横浜市経済局「横浜市中小製造業技術実態調査追加調査（平成23年8月）」（http://www.city.yokohama.lg.jp/keizai/）

横浜市温暖化対策統括本部「中小製造業を営む方への節電対策助成制度のご案内（平成24年度）」（http://www.city.lg.jp/ondan/）

大嶋輝夫『現場で考える中小ビル・工場の省エネ』オーム社

一般社団法人照明学会編『照明工学』オーム社

公益社団法人日本技術士会連携茨城県技術士会編『絵で見てわかる工場の節電テクニック』日刊工業新聞社

第2章－5

長島彬『日本を変える、世界を変える！「ソーラーシェアリングのすすめ」』リックテレコム

金子勝、武本俊彦『儲かる農業論 エネルギー兼業農家のすすめ』集英社新書

NEDOホームページ（http://www.nedo.go.jp/）

中部電力ホームページ（http://www.chuden.co.jp/）

農林水産省ホームページ（http://www.maff.go.jp/）

太陽光発電総合情報「太陽光発電システム（ソーラーパネル）の総合比較サイト」（http://standard-project.net/solar/）

●取材協力：CHO技術研究所

第3章－1

北九州スマートコミュニティ創造協議会事務局「北九州スマートコミュニティ創造事業実証事業報告」

北九州市ホームページ（http://www.city.kitakyushu.lg.jp/）

NPO法人里山を考える会ホームページ（http://www.nposatoyama.org/kokosuma.html）

JAPAN SMART CITY PORTAL (http://jscp.nepc.or.jp/index.shtml)

第3章－2

宮城県石巻市ホームページ「スマートコミュニティの取組み」（https://www.city.ishinomaki.lg.jp/cont/10182000/sumakomi/20150730120009.htm）

第3章－4

柏の葉スマートシティホームページ（http://www.kashiwanoha-smartcity.com/）

三井不動産株式会社プレスリリース（http://www.mitsuifudosan.co.jp/corporate/news/2014/0707/）

山村真司『スマートシティはどうつくる？』工作舎

横山明彦『新スマートグリッド』日本電気協会新聞部

第4章－2

村上敦、池田憲昭、滝川薫『100％再生可能へ！ ドイツの市民エネルギー企業』学芸出版社

田口理恵『なぜドイツではエネルギーシフトが進むのか』学芸出版社

資源エネルギー庁「エネルギー白書2015」

第5章－1

「平成27年度創業・第二創業促進補助金事業計画書『創業』」様式（https://sogyo-hojo. jp/27th/docs/sogyosokushin_jigyou_keikakusyo_sogyo.docx）

第5章－2

日本ファンドレイジング協会「認定ファンドレイザー必修研修テキスト」

経済産業省「平成28年度資源・エネルギー関係予算案のポイント」（http://www.meti. go.jp/main/yosan/yosan_fy2016/pdf/energy1.pdf）

経済産業省「平成28年度経済産業省予算関連事業のPR資料：エネルギー対策特別会計」

一般財団法人新エネルギー導入促進協議会ホームページ（http://www.nepc.or.jp/）

福島県「再生可能エネルギー発電設備等導入基盤整備支援事業費補助金（福島県再エネ 復興支援事業）の3次公募について」（https://www.pref.fukushima.lg.jp/sec/ 11025c/energy501.html）

埼玉県「市民共同太陽光発電事業補助制度」（https://www.pref.saitama.lg.jp/a0502/ h25-shiminpv.html）

長野県「平成27年度自然エネルギー地域発電推進事業の募集について」（http://www. pref.nagano.lg.jp/ontai/kurashi/ondanka/shizen/tiikihatuden-suishin.html）

滋賀県「平成27年度滋賀県市民共同発電事業補助金の追加募集について」（http://www. pref.shiga.lg.jp/f/eneshin/27siminkyoudou.html）

川口市「平成27年度かわぐち市民共同発電所設置事業の募集」（http://www.city. kawaguchi.lg.jp/kbn/28020243/28020243.html）

京丹後市「『平成27年度京丹後市再生可能エネルギー導入促進支援補助金（第1次）』公 募について」（https://www.city.kyotango.lg.jp/kurashi/oshirase/norinsuisankankyo /kankyo/saiene/h27saienehojyo1/1.html）

第5章－3

和田武、豊田陽介、田浦健朗、伊藤真吾編著『市民・地域共同発電所のつくり方』かも がわ出版

飯田哲也＋環境エネルギー政策研究所編著『コミュニティパワー』学芸出版社

［執筆者略歴］

●編著者

波形克彦（なみかた かつひこ）：序章－２担当

　早稲田大学ビジネススクール修了（IT、物流専攻）。中小企業診断士、ITコーディネータ。日本婦人新聞記者、繊維新聞記者・編集長を経て経営コンサルタントとなる。商業システム研究センター代表。著書『アメリカ流通業の経営革新』（三恵社）、『小さな会社を企業化する戦略』（同友館）ほか340冊

小林勇治（こばやし ゆうじ）：序章－１・第４章－１担当

　明治大学専門職大学院グローバルビジネス研究科修了（MBA）。中小企業診断士、ITコーディネータ。日本NCR㈱に17年勤務後独立。現在、早稲田大学大学院ビジネス情報アカデミーCIOコース講師、イー・マネージ・コンサルティング（協）代表理事、ミーコッシュ経営研究所所長、（一社）東京都中小企業診断士協会顧問、（一社）日本事業再生士協会理事、東京都経営革新優秀賞審査委員長。著書『中小企業の正しいIT構築の進め方』（同友館）ほか155冊

●著者

和田武史（わだ たけし）：序章－３・第１章－２担当

　京都大学大学院修了。㈱日立製作所半導体（設計畑）部長、Samsung/Korea（企画）常務、日本電産トーソク㈱理事を経て、中小企業診断士資格を取得。MIPS経営コンサル代表。独自の三位一体DD＋BSCで100社超の経営支援実績あり

宮田貞夫（みやた さだお）：第１章－１担当

　茨城大学卒業。日興証券㈱英国現地法人勤務等を経て独立。㈱ハンプティ代表取締役、中央大学非常勤講師。茨城県よろず支援拠点コーディネーター、中小企業診断士、ITC。著書『企業再生支援の進め方』（同友館）他多数

林　啓史（はやし けいし）：第１章－３担当

　立教大学法学部卒業。㈱ツムラ経営企画部を経て、林中小企業診断士事務所を設立。中小企業診断士、経営士、キャリアカウンセラー。著書『効率経営からおもてなし経営の時代へ』（同友館）

畠山　豊（はたけやま ゆたか）：第１章－４担当

　東海大学大学院理学研究科卒業。国内独立系SI会社を経て、有限責任 あずさ監査法人でシステム監査業務に従事。中小企業診断士、米国公認会計士（USCPA）

日出晴夫（ひので はるお）：第1章－5担当

　　阿南工業高等専門学校機械工学科、大阪市立大学経済学部卒業。HAL consult.net代表、中小企業診断士。著書『小さな会社を企業化する戦略』（同友館）、『クラウド時代を生き抜くモバイル革新戦略』（三恵社）。徳島エコノミージャーナルに「日出晴夫のITな話」を連載中

岡本良彦（おかもと よしひこ）：第2章－1担当

　　明治大学経営学部経営学科卒業。中小企業診断士、ITコーディネータ、1級販売士、著書『経営革新計画で成功する企業』（同友館）、「ALMあらたなバランスシート管理の視点」『月刊企業診断』（同友館）ほか多数

住田　章（すみた あきら）：第2章－2担当

　　法政大学経営大学院修了。全日本空輸㈱定年退職。法政大学経営大学院イノベーション・マネジメント総合研究所特任研究員、法政大学経営大学院特任講師、えにしコンサルティング代表、MBA、中小企業診断士。著書『地方創生でまちは活性化する』（同友館）

豊田順一（とよた じゅんいち）：第2章－3担当

　　東京工業大学大学院工学部制御工学科修了。中小企業診断士、技術士（電気電子部門）、エネルギー管理士。松下通信㈱、㈱明電舎に勤務し、製品開発、電気設計等に従事。2012年、コンサルタント事務所（自営）を開設

村尾奈津（むらお なつ）：第2章－4担当

　　東京外国語大学大学院地域文化研究科博士前期課程修了。中小企業診断士。著書『地方創生でまちは活性化する』（同友館）

中野真志（なかの まさし）：第2章－5担当

　　明治大学卒業。中小企業診断士、社会保険労務士有資格者、宅地建物取引士、2級ファイナンシャル・プランニング技能士。IT業界で多くのプロジェクトに参画。現在はITをはじめ、ビジネスモデル、農業、地域誘客を中心テーマとして活動

川口　悠（かわぐち ゆう）：第3章－1担当

　　日本学園高等学校卒業。中小企業診断士。三友社出版株式会社に勤務し、営業職として顧客訪問、マーケティング、広報企画・制作・出版物企画・編集に携わる。著書『フレッシュ中小企業診断士の合格・開業体験記』（同友館）

黒川　敦（くろかわ あつし）：第3章－2担当

　　東京農工大学工学部卒業。中小企業診断士。日本アイ・ビー・エム株式会社に勤務し、技術営業・開発プロセス改善やクラウド提案に従事。経営革新ITを用いた業務改善が得

意。著書『地方創生でまちは活性化する』（同友館）

岩井利仁（いわい　としひと）：第3章−3担当
中央大学卒業。パナソニック㈱（松下電器）を早期退職し、現在、経営パワー㈱社長、農水省「知の集積と活用の場」、東京商工会議所、経団連等講師。著書『フレッシュ中小企業診断士の合格・資格活用体験記Ⅳ』（同友館）

加藤敦子（かとう　あつこ）：第3章−4担当
広島大学大学院学校教育研究科修了。中小企業診断士、アプリケーションエンジニア。公立小学校教師として9年教壇に立ったのち、システムエンジニアとして開発プロジェクトに従事。2016年、アルト経営パートナー㈱を設立

藤田泰宏（ふじた　やすひろ）：第4章−2担当
京都大学卒業。総合商社トーメン（現・豊田通商）に26年間勤務後、現在、中小企業診断士として独立。著書『地方創生でまちは活性化する』（同友館）など

田中　順（たなか　じゅん）：第4章−3担当
早稲田大学院ファイナンス研究科卒業。三井住友信託銀行㈱、プライスウォーターハウスクーパース㈱、㈱格付投資情報センターを経て、現在、GE Japan勤務。MBA、中小企業診断士、日本証券アナリスト協会検定会員

多賀俊二（たが　しゅんじ）：第5章担当
京都大学法学部卒業、早稲田大学ファイナンス研究科在学中。中小企業診断士、准認定ファンドレイザー。（一社）全国労働金庫協会に25年間勤務後、草の根金融研究所「くさの〜ね」代表として独立

2016年7月11日　第1刷発行

地方創生とエネルギーミックス
―エコシティ、スマートシティの推進事例

編著者　波　形　克　彦

小　林　勇　治

発行者　脇　坂　康　弘

発行所　株式
　　　　会社　同友館

東京都文京区本郷 3-38-1
郵便番号　113-0033
電話　03(3813)3966
FAX　03(3818)2774
http://www.doyukan.co.jp/

落丁・乱丁本はお取替え致します。　　　　　　　　　　　　　　藤原印刷
ISBN978-4-496-05218-7　　　　　　　　　　　　　Printed in japan

本書の内容を無断で複写・複製（コピー），引用することは，
特定の場合を除き，著作者・出版社の権利侵害となります。
また，代行業者等の第三者に依頼してスキャンやデジタル化
することは，いかなる場合も認められておりません。